Rainer Langlotz

Die Zeitrechnung der Kinder Adams

Rainer Langlotz

DIE ZEITRECHNUNG DER KINDER ADAMS

WIEDERENTDECKUNG DER BIBLISCHEN CHRONOLOGIE

HIC SALTA PRESS

A CIP catalogue record for this book
is available from the Cyprus Library

ISBN 978–9963–40–144–4

Die Deutsche Bibliothek
verzeichnet diese Publikation
in der Deutschen Nationalbibliographie;
detaillierte bibliographische Daten sind im Internet
über http//dnb.de abrufbar.

1. Aufl. 2024

Druck: Alföldi Printing House.
Printed in Hungary.

Inhalt

Vorbemerkung

Sind wir heute mit verschiedenen Chronologien, beispielsweise der „nach Christus“ (n. Chr.) für das Abendland und der „nach der Hijra“ (n. H.) für das Morgenland vertraut, so fragt die folgende Schrift nach den Grundlagen einer Chronologie „nach Adam“ (n. A.), die für alle jene auf diesem Planeten gelten würde, die zu den „Kindern Adams“ zählen. Es ist von besonderer Bedeutung, daß, folgt man aus guten Gründen der Chronographie der *Septuaginta*, die wichtigsten Ereignisse in der Geschichte der Menschheit im neuen Kalender in einer numerischen Symmetrie erscheinen, die zuvor nicht einmal hatte geahnt werden können:

Daß die Geburt Jesu beispielsweise in das Jahr 5500 des neuen Kalenders fällt, Christoph Kolumbus im Jahre 7000 nach Adam seinen Fuß auf das Land der Neuen Welt setzt, 7300 die Französische Revolution ihren Höhepunkt fand oder im Jahre 7450 nach Adam das Atomzeitalter beginnt, sind nicht nur runde Daten, die unser Erstaunen erwecken und Grundlage einer neuen Idee dessen sein könnten, was Zeit an sich und unsere Geschichte in ihr sind, sie sind zugleich auch ein schöner Ausdruck der inneren Richtigkeit der hier vorgestellten neuen Zeitrechnung selbst.

Von hier aus ergibt sich die Aussicht, die Geschichte der Menschheit auf diesem Planeten gemäß einer Chronologie „nach Adam“ einmal neu zu ordnen und jene mit Blick auf ihren Abstand zum Stammvater Adam gewonnen Daten in bislang ungewohnter Weise zu verstehen. Einem solchen derartigen *Kalender der Kinder Adams* sei hiermit eine kleine Abhandlung der guten Gründe vorangestellt, die man neben den oben aufgeführten für die Wahrheit und Plausibilität einer solchen Zeitrechnung ins Feld führen kann.

Reste der Mauer von Uruk (Gilgamesch)

I.
Biblische Chronologie und Archäologie

DAS GEBURTSJAHR JESU

Es ist lange bekannt, daß die bis heute übliche christliche Zeitrechnung auf einem Rechenfehler des Mönchs Dionysus Exiguus im 6. nachchristlichen Jahrhundert beruht. Die Geburt Jesu fällt danach keineswegs ins Jahr „1 n. Chr.", sondern sie ereignete sich bereits einige Jahre früher.

Schon der große Astronom und Astrologe Johannes Kepler berechnete für Anfang des Jahres 6 v. Chr. eine große Planetenkonjunktion zwischen Mars, Jupiter und Saturn, die er mit dem „Stern von Bethlehem" in Verbindung brachte. Da dieses seltene Zusammentreffen dreier Planeten nach traditioneller Astrologie auf die Geburt eines Königs hinweist, könnte dies der „Stern von Bethlehem" gewesen sein, aus dem die „Weisen (Astrologen) aus dem Morgenland" die Geburt des „Königs der Juden" abgeleitet hatten. Mit heutiger Rechengenauigkeit glaubt man daher mit dem Jahre 7 v. Chr. das wahre Geburtsjahr Jesu gefunden zu haben. Nach Prof. Walther Hinz, der sich intensiv mit biblischer Chronologie beschäftigt hat, wurde Jesus wahrscheinlich am Freitag, den 1. Dezember 7 vor Christus geboren. [1]

Wie nun das Matthäusevangelium berichtet, ließ König Herodes alle jüdischen Knaben des Jahrgangs sowie der beiden davor liegenden Jahrgänge töten, um die Geburt des Messiaskönigs zu verhindern. Angesichts dieser extremen

Reaktion auf die Vorhersage der drei „Magi“ aus dem Morgenland stellt sich die Frage: Hatte das Geburtsjahr Jesu für die jüdische Heilsgeschichte eine besondere Bedeutung und wenn ja, welche? Darauf wird am Ende zurückzukommen sein. Doch zunächst eine kleine Einführung.

DER BIBLISCHE ZEITPFEIL

HENOCH WAR 65 JAHRE ALT, da zeugte er Methusalah ...“, „Methusalah war 187 Jahre alt und zeugte Lamech ...“ Aus derartigen Angaben der Bibel haben Gelehrte schon vor über 2000 Jahren eine heilsgeschichtliche Zeitrechnung errechnet, die im folgenden als „biblische Chronologie“ bezeichnet werden soll. Dieser an sich schlichte Sachverhalt wird nun dadurch kompliziert, daß es vom Alten Testament mindestens drei Versionen mit zum Teil kraß voneinander abweichenden Chronologien gibt. Jede Textversion einer heiligen Schrift, die sich signifikant von anderen Versionen unterscheidet, muß einer deutlich abgegrenzten Konfession zugeordnet werden – und Chronologie wurde im hebräischen Kontext der damaligen Zeit zweifellos als hochsignifikant betrachtet. [2] Es ist daher kaum denkbar, daß innerhalb *einer* Konfession *zwei* sich widersprechende Kalender koexistieren können.

Diejenige Textversion, welcher mehr als 99 Prozent der bei uns im Umlauf befindlichen Bibeln folgen, heißt *masoretischer Text* („M-Text“). Seine älteste erhaltene Handschrift (der Aleppokodex) datiert nur ins 10. Jahrhundert nach Christus. Wie Qumranfunde und andere Quellen belegen, spielte er zur Zeit Jesu noch keine dominierende Rolle. Der *masoretische Text*, welcher heute im gesamten Judentum als normativ angesehen wird, war von Anfang an in besonderer Weise mit der Konfession der Pharisäer verknüpft, aus der sich das heutige rabbinische Judentum bruchlos entwickelte.

Wenn wir die Zeit und das religiöse Umfeld Jesu verstehen wollen, müssen wir selbstverständlich diejenige Version der heiligen Schrift berücksichtigen, die von der damaligen Mehrheit der Juden und etwas später von den ersten Christen rezipiert wurde. Diese Bibelversion besitzen wir heute nur noch in Form ihrer griechischen Übersetzung, der berühmten *Septuaginta* oder kurz LXX nach der römischen Zahl 70. [3] Im „Aristeasbrief" wird erzählt, wie siebzig Gelehrte bereits im 3. Jahrhundert v. Chr. die fünf Bücher Moses mit großer Sorgfalt ins Griechische übersetzten. Schon bald folgte auch der Rest des Alten Testaments. In Qumran wurden Fragmente ihrer hebräischen Textgrundlage zu Tage gefördert, was den Wert der LXX für die Textkritik eigentlich erhöhen müßte. Die Qumranfragmente beweisen nämlich, daß ein hebräischer Grundtext, so wie ihn die LXX übersetzt, im 2. Jahrhundert v. Chr. tatsächlich vorhanden war. Der LXX-Text ist somit älter als der masoretische Text des Judentums.

Die Septuaginta war auch die Bibelversion des Urchristentums, denn Jesus selbst und die Evangelisten zitierten das Alte Testament nach dieser Version, und wenn Jesus „die Schrift erfüllte", wie zum Beispiel durch seine „Geburt von einer Jungfrau" (Jes. 7,14 LXX), so erfüllte er vor allem den Text der Septuaginta. Wegen der engen Verknüpfung der ersten Christen mit den Essenern muß die LXX die Bibelversion dieser mosaischen Konfession gewesen sein, die bereits viel Christliches vorwegnahm. Die LXX ist ferner bis zum heutigen Tag die Bibel der orthodoxen Christenheit.

Nach der Chronologie der LXX-Version entspricht das – wegen der Planetenkonjunktion wahrscheinlichste – Geburtsjahr Jesu 7 v. Chr. ausgerechnet dem Jahre 5502 der biblischen Zeitrechnung. Da der Zeitpfeil mit dem Jahr 1 „nach Adam" beginnt (die Null war noch unbekannt), wurde Jesus dieser Version zufolge exakt 5500 Jahre „nach Adam" gezeut und 5501 n. A. geboren. [4] Apokryphe Zeugnisse aus frühchristlicher Zeit belegen, daß man sich des „magischen"

Geburtsdatums Jesu in den ersten Jahrhunderten noch bewußt war. Man findet es schon beim frühen Chronographen *Sextus Julius Africanus* (~217 n. Chr.). Ein in Altslawisch erhaltener Text über das *Leben Johannes des Täufers*, der eine verschollene griechische Schrift übersetzt, beginnt mit den Worten: „*Da sich vollendet hatten 5500 Jahre seit der Weltschöpfung ohne sechs Monate, ward geboren der heilige Johannes der Täufer.*" [5] Da die Geburt Jesu dem Zeugnis des Lukasevangeliums zufolge genau sechs Monate nach derjenigen des Johannes stattfand, heißt dies: Für den Autor dieses Textes (laut Text der Evangelist *Johannes Markus*, ein Mitglied der Herrenfamilie) fand Jesu Geburt im Jahre 7 v. Chr. 5501 Jahre nach Adams Sündenfall statt! (Jahr 1 nach Adam = 5508 v. Chr. LXX). Der altkirchenslawische Johannestext und die Berechnung der großen Konjunktion durch Johannes Kepler führen also unabhängig voneinander auf das gleiche Datum!

Verständlicherweise wurde die perfekte Synchronizität des Geburtsdatums Jesu mit der Chronologie der LXX-Version von der Forschung in Zweifel gezogen. Bekanntlich wurden heilige Schriften nur zu häufig überarbeitet, um die Doktrin ihrer jeweiligen Bearbeiter zu „beweisen". Die meisten Gelehrten gehen deshalb davon aus, daß Christen die Chronologie ihrer Bibel irgendwann zurechtrückten, so daß damit die Messiahschaft Jesu klar bestätigt werden konnte. Ihnen gilt deshalb der masoretische Text, wie er in praktisch allen heutigen Bibeln vorliegt, als der „wahre Jakob". Der heutige Standardtext, der auf der *masoretischen* Textversion der Torah beruht, er legt im Unterschied zur LXX das Anfangsdatum der Zeitrechnung auf 4174 v. Chr. fest, [6] das heißt einen Zeitabschnitt, der nach heutigem archäologischen Wissen nur wenig vor dem Beginn der ältesten Hochkulturen am Nil und am Euphrat liegt. Jesu Geburtsjahr entspricht, vom masoretischen Text her gesehen, dem Jahre 4167 nach Adam, einer Zahl, die keinerlei numerologische oder kabbalistische Besonderheiten aufweist. [7] Einziges Problem: Die Zeitangaben des allgemein verbreiteten masoretischen Textes stehen für die Zeit vor 700 v. Chr. in völligem Dissens zu inzwischen vorliegenden archäologischen Datierungen. Sie sind auch nicht einfach um einen bestimmten Betrag gegenüber den C14-Datierungen verschoben, sondern weichen auf nichtlineare Weise davon ab. Diese völlige Asynchronität der Chronologie des masoretischen Textes hat bei den meisten Archäologen [8] zu der Annahme geführt, die biblische Geschichte sei in weiten Teilen doch nur Mythologie, die einer Konfrontation mit harten wissenschaftlichen Befunden nicht standhalte. Die folgende Untersuchung wird diese Meinung als falsch erweisen.

Nach einer dritten Version – der *samaritanischen Torah* – schließlich datiert die Zeit Adams auf 4305 v. Chr. und liegt somit näher an der Septuaginta als am masoretischen Text. Jesus wäre demnach im Jahre 4298 nach Adam geboren, auch dies ist jedoch kein symbolisch bedeutsames Datum. Die „magische 5500" entspricht in diesem Kalender dem Jahre 1195 n. Chr. Wie bereits im 19. Jahrhundert auffiel, verkürzt der Samaritaner die Zeiten in den Lebensdaten *vor der Flut*. In den Lebensdaten *nach der Flut* bestätigt er präzise die LXX. Hingegen wird die LXX im Bereich *vor der Flut* vom masoretischen Text bestätigt. Sie steht also als einziger Text in keinem Teil ihrer Chronologie allein da. [9] Die naheliegende Frage, welche Chronologie – falls überhaupt – historisch richtig sei, ließ sich noch vor wenigen Jahrzehnten unmöglich beantworten. Erst in den letzten Jahren wurde eine Reihe von archäologischen Datierungen vorgenommen, welche, wie nun gezeigt wird, die von der Forschung vernachlässigte LXX-Chronologie stark untermauern.

II.

Die „Eichung" der biblischen Chronologie

Seit wenigen Jahren besitzen wir nun geologische und archäologische Befunde, die es erlauben, an die bis zu 1334 Jahre divergierenden Chronologien des masoretischen Textes und der Septuaginta einen objektiven Maßstab anzulegen.

In den folgenden acht Fixpunkten stimmen LXX-Chronologie und wissenschaftliche Datierung hervorragend überein. Weitere Punkte liefern plausible Argumente für die Richtigkeit der LXX-Chronologie auch in länger zurückliegenden Epochen, während der masoretische Text hier vollständig versagt.

1. FIXPUNKT: SANTORINERUPTION

Die Vulkankatastrophe von Thera (Santorin in der südlichen Ägäis) läßt sich als wichtiges geologisches Richtmaß heranziehen, die neben der Zerstörung der minoischen Kultur auch den Auszug der Kinder Israels aus Ägypten nach der LXX-Version ermöglichte. Die Asche dieses gewaltigen Ausbruches, der für das Weltklima katastrophale Folgen haben mußte, machte damals ganze Landstriche unbewohnbar und stellt in der Geschichte der Mittelmeervölker eine tiefe Zäsur dar. Man schätzt ihre Gesamtmenge neuerdings auf sechzig bis hundertfünfzig Kubikkilometer! Diese Ascheemission bewirkte, wie viele glauben, zumindest einen Teil der im 2. Buch Mose beschriebenen zehn Plagen. Sie wurde gefolgt vom Kollaps des Inselvulkans, der eine gewaltige Tsunamiwelle von bis zu hundert Meter Höhe verursachte. Viele Menschen der östlichen Mittelmeerregion mußten aufgrund der Verwüstung und der anschließenden Hungersnot auswandern, und andere Völker drangen, als sich die Lage nach Jahren wieder verbesserte, in die verlassenen Gebiete vor. In der griechischen Mythologie zeigt sich dieser Einschnitt in Form eines Generationswechsels am Götterhimmel. Die alte Hauptgottheit Chronos/Saturn wird durch ihren „Sohn" Zeus/Jupiter abgelöst. [10].

Wachstumsstörungen an Bäumen der gesamten nördlichen Hemisphäre wurden auf 1628 v. Chr. datiert. Sie scheinen von einer Aschewolke verursacht zu sein, die der Megaeruption vorausging. Diese Datierung wird in groben Zügen durch Bohrungen im grönländischen Eis bestätigt. Die chinesische Bambuschronik beschreibt für das Jahr 1618 v. Chr. schwere Klimaveränderungen. Diese stellten die Zäsur zwischen Xia- und Shang-Dynastie dar. Aufgrund von Baumring- und C-14 Datierung von verschütteten Olivenbäumen, die man auf Kreta unmittelbar unterhalb der Aschenschicht fand, wurde die Katastrophe auf das Jahr 1626 v. Chr. (± 5 Jahre) datiert. Frühere Untersuchungen glaubten im Nildelta Spuren des Ascheregens von Santorin nachweisen zu können. Dies gilt jedoch als widerlegt und war schon deshalb unwahrscheinlich, weil der anschließende Tsunami jeden vorhandenen Ascheniederschlag beseitigt hätte. Neueste C-14 Präzisionsmessungen mit Massenspektrometern ergaben den sehr zuverlässigen Wert von *1603 v. Chr. ± 10 Jahre v. Chr. für die verheerende Vulkan- und Tsunamikatastrophe.*

Das Meer zwischen Kreta und Zypern bildet einen Durchlaß, so daß die über 50 Meter hohe Tsunami-Flutwelle ungehindert bis nach Unterägypten gelangen konnte, während Palästina weitgehend verschont blieb. Mit Karte und Lineal kann jeder leicht selbst ermitteln, welche Küstenabschnitte der Tsunami direkt erreichen konnte und welche Regionen im „Schatten“ von Inseln lagen. Der Sog, der von einer so enormen Wellenfront ausgeht, könnte bewirkt haben, daß vor der Ankunft der Front das Schilfmeer trockenfiel. Andererseits geben die gewaltigen Staubmengen in der Atmosphäre eine plausible Erklärung für die dreitägige Dunkelheit, die als vorletzte der biblischen „zehn Plagen“ beschrieben wird, welche dem Auszug der Kinder Israel aus Ägypten vorausgingen. Denn die Forschung geht davon aus, daß es zunächst zu enormen Ascheneruptionen kam, bevor der Vulkan endgültig implodierte. Dieses Szenario ist durch den verheerendsten je dokumentierten Ausbruch, nämlich den des Krakatau (Indonesien) im Jahre 1883, wohlbekannt. Auch hier versank die ganze Insel im Meer und löste einen Tsunami mit bis zu vierzig Meter hohen Wellen aus.

Die Ausgrabungen auf Santorin ermöglichen eine Datierung dieser Katastrophe mit 95-prozentiger Wahrscheinlichkeit auf 1627 bis 1600 v. Chr. Und dieses Datum deckt sich ausgezeichnet mit dem Exodus, wie ihn die Septuaginta datiert (1605 v. Chr.), während der masoretische Text mit 1400 v. Chr. über 200 Jahre zu spät liegt. Natürlich wirkt sich diese chronologische Korrektur auch auf die Vorstellungen vom Pharao des Moses aus. Statt wie bisher über Ramses II., Echnaton oder Merenptah (alle aus dem Neuen Reich), zu spekulieren, kommen wir nun in die Zeit der Hyksos, jener 15. Dynastie von Usurpatoren kanaanäischen Ursprungs. Die 15. Dynastie von Avaris besteht aus einer Reihe von Hyksosherrschern, von denen Khyan (semitisch „Hyaan“) und sein Sohn Yannis häufig auf Objekten erwähnt werden. Yannis, obwohl bereits Mitregent, folgte seinem Vater nicht auf den Thron. Stattdessen kam Apopis, der sich nach dem ägyptischen Teufel benannte, an die Macht. Abgesehen vom passenden Timing entspricht dieses Szenario dem biblischen Bericht von der Tötung aller Erstgeborenen durch die letzte der zehn biblischen Plagen. Der Beginn des Neuen Reiches (Pharao Ahmose I.) nach dem Ende der Hyksos-Dynastie wird von der Ägyptologie auf ca. 1580 v. Chr. datiert, also 25 Jahre nach dem Exodus, wie ihn die Chronologie der Septuaginta datiert, und 23 Jahre nach der derzeit besten Santorindatierung. 25 Jahre sind nach einer derart vernichtenden Katastrophe eine sehr plausible Zeitspanne für die Reorganisation des Reiches. Erstaunlicherweise sprechen gewisse jüdisch/nazaräische Traditionen, wie sie die islamische Welt in Korankommentaren konserviert hat, tatsächlich davon, daß der Pharao zur Zeit Mose ein „Zugereister" war. So etwas denkt man sich nicht aus, denn naheliegend wäre doch für einen Geschichtenerzähler, den Pharao aus „ältestem ägyptischen Adel" stammen zu lassen. Aber die Hyksos waren eben genau, was diese Kommentare bzw. ihre verschollenen Quellen behaupten: Fremde, die durch geschickte Manipulationen an die Macht kamen.

2. FIXPUNKT: EROBERUNG JERICHOS UND WEITERER STÄDTE

Ein weiteres Argument für die Frühdatierung des Exodus gemäß der Septuaginta liefert die Ausgrabung des alten Jericho. C14-Datierungen zufolge wurden ihre Mauern um 1550 v. Chr. zerstört. Die Landnahme der Israeliten beginnt laut korrigierter LXX ab 1565 v. Chr., vierzig Jahre nach dem Exodus bzw. der Santorin-Katastrophe. Die C14-Datierung der Einnahme von Jericho kann, bei einer Abweichung von 0,33 Prozent, mit der LXX-Chronologie problemlos in Einklang gebracht werden.

Um 1360 v. Chr. aber, als Josuas Trompeten – dem masoretischen Text zufolge – die Mauern Jerichos erst zum Einsturz gebracht hätten, wäre diese – den Archäologen zufolge – schon längst eine Geisterstadt gewesen. Wie schon beim Exodus liegt der masoretische Text auch hier etwa 200 Jahre zu spät. [11] Auf die gleiche mit der LXX konforme Zeit führen Datierungen in Tell Dan und Tell Hazor, alles Städte, die laut Josuabuch bei der Landnahme eingenommen wurden.

Im Jahr 2020 fand das Team von Dr. Scott Stripling auf dem Berg Ebal bei Nablus eine zwei Zentimeter kleine Bleitafel mit protohebräischer Inschrift. Wie in der Bibel erwähnt, baute Josua auf dem Ebal einen Altar, um diejenigen zu verfluchen, welche Gottes Gesetz nicht einhielten. Das dort entdeckte Fluchtäfelchen enthält u. a. den biblischen Gottesnamen JaHU und wird aufgrund des Fundumfeldes sowie der Zusammensetzung des Bleies auf circa 1400 v. Chr. datiert. Im gleichen Horizont fand sich auch ein Skarabäus mit dem Namen Pharao Thutmosis III, der von 1479–1425 v. Chr. Ägypten regierte. Dieser Fund dürfte der M-Text basierten Chronologie den Todesstoß versetzen, da sich ihr zufolge die Israeliten zu diesem Zeitpunkt noch in Ägypten befunden hätten.

3. FIXPUNKT: DER DAVIDSPALAST SÜDLICH DES TEMPELBERGS

Die israelische Archäologien Eilat Mazar leitete seit 2005 eine Ausgrabung an der Flanke der Davidsstadt Jerusalems, wo sich traditionell der Palast des Prophetenkönigs David befunden haben soll. Keramikfunde ergaben ein Alter, das circa hundert Jahre höher liegt, als es nach dem masoretischen Text möglich wäre. Nach der ursprünglichen LXX [12] bestieg David den Thron jedoch im Jahre 1129 v. Chr., regierte dann sieben Jahre in Hebron und ab 1122 v. Chr. weitere 33 Jahre in Jerusalem. König David starb mithin 1089 v. Chr. Die ältesten Keramikfunde aus Eilat Mazars Ausgrabungen datieren ins 12.

Jhdt. v. Chr. und stimmen mit der Fertigstellung des Palastes nach LXX (~1120 n. Chr.) überein.

4. FIXPUNKT: DER TEMPEL UND ANDERE OBJEKTE AUS DER ZEIT KÖNIG SALOMONS

a. Der Tempelbau von König Salomon wird zwar nicht in der Torah, sondern im 1. Buch Könige, Kap. 6 geschildert, doch kommt man hier zum selben Ergebnis: Die Septuagintadatierung deckt sich mit den archäologischen Befunden, die konkurrierenden Versionen tun dies nicht.

In 1Kön. 6,1 steht zu lesen: „*Im 4. Jahr Salomons 480 Jahre nach dem Exodus begann er das Haus des Herrn zu bauen.*" [13]

Mit den 480 Jahren aus dem Buch der Könige erhält man 1085 v. Chr. für den Beginn und 1078 v. Chr. für die Fertigstellung des Tempels. (1Kön. 6,38).

b. Eine weitere Datumsangabe für die Errichtung des salomonischen Tempels gibt 2Chronik 36,21:

„*Da ging das Wort in Erfüllung, das der Herr durch Jeremia gesprochen hatte. Das Land bekam seine Sabbate* [= Sabbatjahre, d. h. jedes siebte Jahr] *ersetzt. Es lag brach während der ganzen Zeit der Verwüstung, bis siebzig Jahre voll waren.*" Das babylonische Exil dauerte siebzig Jahre, angefangen mit 587 v. Chr. bis 517 v. Chr.

Die siebzig Sabbatjahre, die nicht eingehalten wurden, entsprechen zurückgerechnet einer Zeitspanne von 70 x 7 = 490 Jahren. 587 + 490 = 1077 v. Chr. Das ist nur ein Jahr nach dem LXX-Datum von 1078 v. Chr., aber 121 Jahre früher als die masoretische Datierung für die Fertigstellung des ersten Tempels!

c. Die Bibel erwähnt, daß Salomon als erster im heutigen Südjordanien (damals „Edom") Kupfer abbauen ließ. Neueste Altersbestimmungen von organischem Material aus diesen

Minen ergaben Datierungen von 1058 bis 920 v. Chr. [14] Nach LXX ist 1058 das 36. Regierungsjahr Salomons, denn seine Regierungszeit währte vierzig Jahre von 1089 bis 1049 v. Chr. Nach M-Text wären diese Kupferminen fast hundert Jahre zu alt, um von König Salomon gegründet worden zu sein.

d. Jüngste Ausgrabungen in Israel haben zahlreiche Gebäude freigelegt, die in der Bibel König Salomon zugeschrieben werden. [14] In allen Fällen erbrachte die Datierung der Keramikfunde Ergebnisse, die ein bis zwei Jahrhunderte früher liegen als die Periode, welche der masoretische Text für die Regierungszeit Salomons angibt. Daraus wurde geschlossen, diese Gebäude könnten wohl doch nicht Salomon zugeschrieben werden, obwohl vieles zu passen scheint. Hier wäre den Archäologen die Lektüre der Septuaginta zu empfehlen, deren Chronologie ihre Keramikdatierungen voll bestätigt.

e. Der in Punkt d) beschriebene Befund wird durch den Sarkophag des phönizischen Königs Ahiram weiter untermauert. Der Ahiram-Sarkophag aus dem libanesischen Byblos, der durch eine der frühesten althebräischen Inschriften geziert ist, wurde auf spätestens 1050 v. Chr. datiert [15]. Diese Datierung harmoniert mit dem Datum 1085 v. Chr. für den Beginn des Tempelbaus, wie es sich aus der LXX ergibt, während der masoretische Text die Grundsteinlegung über hundert Jahre später aufs Jahr 963 v. Chr. verlegt, als Ahiram/Hiram [16] schon längst in seinem Sarkophag ruhte. – Falls dies noch nicht überzeugend genug ist:

f. Die Standardchronologie der phönizischen Könige weist eine bemerkenswerte Lücke auf. Während die älteren Könige bis hin zum Jahr 1125 v. Chr. eingeordnet werden, geht es dann nach einer Lücke von 132 Jahren mit Abi Baal, dem Vater von Ahiram weiter – jenem *Hiram*, der gemäß dem biblischen Buch der Könige mit König Salomon befreundet war und Holz und Handwerker für den Tempelbau bereitstellte. Diese Lücke entsteht nicht aufgrund von Fakten, sondern schlicht weil Ahiram zeitgleich mit Salomon gesetzt wird, der nach dem

M-Text erst 950 v. Chr. regiert haben soll. Setzt man hingegen die LXX-Daten von Salomons Regierung ein, verschwindet diese Pseudolücke in der Abfolge der phönizischen Könige sang- und klanglos!

5., 6. UND 7. FIXPUNKT: DIE PALÄSTE DER KÖNIGE OMRI, AHAB UND ASA

Dasselbe Bild vermitteln die Ausgrabungen im Palast des Königs Omri zu Samaria, der einige Generationen nach Salomon lebte und über die zehn nördlichen Stämme Israels herrschte. Die meisten dort gefundenen Keramiken ergeben nach masoretischem Text ein rund hundert Jahre zu hohes Alter, während die LXX auch hier mit dem 10. Jahrhundert der Radiocarbondatierungen übereinstimmt.

Das gleiche gilt für den Palast von König Omris Sohn Ahab, der in den 90er Jahren in Tell Jesreel bei Haifa ausgegraben wurde. Statt ca. 860 v. Chr., wie es der M-Text und assyrische Annalen nahelegen, muß der Bau aufgrund der Keramikfunde etwa 960 v. Chr. errichtet worden sein.

Und noch eine Zugabe aus jüngster Zeit: Das unlängst ausgegrabene Khirbet Qeiafa lieferte im Jahr 2012 die älteste Keramik mit hebräischer Inschrift. Sie stammt aus der Zeit um 1000 v. Chr. und wurde nach C14-Datierung und somit laut masoretischer Bibel zur Zeit König Davids gebrannt. Das Problem ist: David hatte seinen Palast erst in Hebron und später in Jerusalem, jedoch keinen, der der Palastanlage in Khirbet Qeiafa entspräche.

Die Lösung: Nach LXX wurde dieser Palast nicht bereits von David errichtet, sondern erst durch König Asa. (1029 – 988 v. Chr. LXX). Passend dazu zitiert 2Chronik 14,6 den König Asa: „*Wir wollen diese Städte ausbauen und sie mit Mauern, Toren und Riegeln versehen …*“

Beim Betrachten der bisherigen Daten zeigt sich eine interessante Tendenz: Die Unterschiede zwischen M-Text und LXX sind am größten für die Urgeschichte vor der Sintflut und nehmen dann stufenweise ab. Im letzten vorchristenlichen Jahrtausend schrumpft der Unterschied auf ungefähr hundert Jahre. Die Differenz ist dennoch signifikant, weil die Radiocarbonmethode für jüngeres Material auch präzisere Daten liefert. Ab einem bestimmten Datum verschwinden dann die Chronolgie-Differenzen zwischen der LXX und dem masoretischen Text. Dieser Moment ergibt einen weiteren Fixpunkt:

8. FIXPUNKT: SILOAH-TUNNEL

Der Angriff des Assyrerkönigs Sanherib auf Jerusalem im Jahre 701 v. Chr. ist auch außerhalb der Bibel dokumentiert. Zur Sicherung der Wasserversorgung ließ König Hiskijah, ein Freund des Propheten Jesaja, einen Tunnel unter dem Tempelberg graben, der heute wieder zugänglich ist. Im Tunnel fand man mit der Siloah-Inschrift auch eines der frühesten althebräischen Schriftzeugnisse. Moderne Radiocarbondatierungen haben im Jahre 2003 ergeben, daß der Tunnel tatsächlich ca. 700 v. Chr. entstanden sein muß. Es handelt sich übrigens um die erste exakte Datierung eines biblischen Bauwerks. [17] Von diesem geschichtlichen Datum an treffen sich die Bibelversionen der Septuaginta und der Masoreten und bleiben für den weiteren Verlauf der Geschichte vereint. Erstaunlicherweise ist 700 v. Chr. für die Archäologen auch der früheste Zeitpunkt, ab dem sichere Datierungen von Ereignissen in Ägypten und anderen antiken Kulturen möglich sind. [18]

Soweit die soliden Fakten. Geht man von der Santorinerruption bzw. dem Exodus als Ausgangspunkt weiter zurück auf dem biblischen Zeitpfeil, so kommt man zu weiteren faszinierenden Übereinstimmungen, wenn auch die genaue Datierung der Ereignisse zunehmend schwieriger wird.

9. FIXPUNKT: DER 4,2 KILOJAHR-EVENT (SOWIE SODOM UND GOMORRHA UND DIE SIEBEN FETTEN UND SIEBEN MAGEREN JAHRE ALS ZUGABE)

Gen. 12,10: „*Da zog Abram hinab nach Ägypten, ... denn die Teuerung war groß im Lande.*"

In Eisbohrkernen und Seeablagerungen läßt sich für ca. 2250 v. Chr. der sogenannte „4,2 Kilojahr-Event" nachweisen, eine gewaltige klimatische Zäsur, deren Ursache wir leider noch nicht kennen. Jedenfalls kommt es nach dem 4,2 Kilojahr-Event, d. h. von 2250 – 2100 v. Chr. im Nahen Osten zu einer langanhaltenden Dürre, die den Kollaps zahlreicher Kulturen, ja sogar des Alten Reiches in Ägypten nach sich zieht. Genesis 12,4 berichtet, daß Abraham mit 75 Jahren aus Harran wegzog, um fortan als Nomade zu leben. Laut Septuaginta ist dies das Jahr 2249 v. Chr., also im ersten Jahr nach dem soeben erwähnten Klimaereignis! In Gen. 12,10 wird von einer schweren Hungersnot berichtet, die Abraham kurze Zeit später veranlaßt, nach Ägypten zu ziehen. Dort regiert mit Neitiqerty Siptah der letzte Pharao des Alten Reichs (nach Mark Lehners Chronologie). In Gen. 13,10 wählt Abrahams Neffe Lot sich das Jordantal, wohl weil es reich bewässert ist. Elf Jahre nach dem Event gebiert Hagar (nach jüdischer Überlieferung eine Pharaonentochter) Abrahams Erstgeborenen Ismael. Das Leben dieses Stammvaters der Araber spielt vollständig während der 150-jährigen Dürre, und das wundersame Erscheinen eines Brunnens in der Wüste von Paran wird in Gen. 21,19 ff. geschildert. [19]

Wie schon im Leben Abrahams spielt auch in der Zeit seines Sohnes Izhaak das Finden bzw. Verteidigen von Brunnen eine große Rolle. Genesis 26 schildert eine weitere Hungersnot sowie Streitigkeiten um Wasser. Immer wieder findet Izhaak die Brunnen seines Vaters Abraham vertrocknet und muß sie jeweils erneuern. Erst um 2100 v. Chr. geht die vom 4,2 Kilojahr-Event verursachte Dürreperiode schließlich zu Ende. Und prompt werden nun – gemäß LXX – Jakob, dem Sohne Izhaaks, seine zwölf Söhne geboren, aus denen dann die zwölf Stämme Israels hervorgehen werden.

Etwa 23 Jahre nach dem 4,2 Kilojahr-Event findet laut LXX die Zerstörung von Sodom, Gomorrha und weiterer Städte statt (2227 v. Chr.). Die Städte Sodom, Gomorrha und einige weitere Siedlungen lagen in einem Teil des Siddimtales, der bis zu seiner Trockenlegung in jüngster Zeit einen Teil des Toten Meers bildete. Jordantal und Totes Meer sind Teil eines Grabenbruchsystems ähnlich der San-Andreas-Spalte in Kalifornien. In solchen Zonen kommt es regelmäßig zu schweren Erdbeben, und auch Vulkanausbrüche sind an Stellen, an denen Kontinentalplatten aneinanderstoßen, zu erwarten. Gen. 19,24: „*Und der Herr ließ Feuer und Schwefel herabregnen über Sodom und Gomorrha*“, läßt hier an ein vulkanisches Ereignis denken, dessen Spuren vielleicht dadurch verwischt wurden, daß das nahegelegene Tote Meer die Katastrophenzone überflutete. Möglicherweise bedeckte das Tote Meer südlich der Halbinsel Lisan eine vulkanische Caldera. Ausgrabungen in dem mittlerweile trockengelegten Gebiet könnten uns bald genaueren Aufschluß geben.

Auf den das Tal umgebenden Hügeln haben Ausgrabungen jedoch bereits vor Jahrzehnten zu bedeutsamen Ergebnissen geführt. Alle dortigen Ansiedlungen wurden älteren Radiocarbondatierungen zufolge ca. 2100 v. Chr. plötzlich verlassen. An allen untersuchten Stellen fanden sich Brandspuren. [20]

Damit wäre die Katastrophe von Sodom zeitlich ungefähr lokalisiert. Auch dieser Befund stützt die Zeitangaben in der Septuagintaversion, während er gegen die Zeitangabe im masoretischen Text um zwei Jahrhunderte zu früh liegt. Abraham zeugte Isaak in seinem 99. Lebensjahr, unmittelbar nach Sodoms Vernichtung. Dies ist nach korrigierter LXX 3278 n. Adam, d. h. 2225 v. Chr., also 25 Jahre nach dem 4,2 Kilojahr-Event. Die Katastrophe von Sodom wäre demzufolge sogar noch früher geschehen, als die älteren Radiocarbondaten anzeigen. Zu beachten ist dabei: Die Datierung stammt aus einer Zeit, als die Radiocarbonmethode noch nicht mit Massenspektrometern durchgeführt wurde und deshalb sehr ungenau war. Kontamination von außen läßt die Daten häufig jünger aussehen, als sie sind. Eine wiederholte Messung jener Brandspuren, die hier dringend zu fordern ist, sollte zu einer besseren Übereinstimmung mit dem LXX-Datum führen.

Der masoretische Text legt die Vernichtung von Sodom jedoch auf 1898 v. Chr. Da C-14-Daten kaum jemals zu alt, aber wegen nachträglicher Verunreinigung häufig zu jung ausfallen, kann das masoretische Datum nicht richtig sein.

Einen weiteren potentiellen Fixpunkt liefert die Josefsgeschichte: Im Jahre 2035 v. Chr. geht Jakob nach LXX im zweiten Jahr einer weiteren Hungersnot nach Ägypten, wo sein Sohn Josef bereits Stellvertreter des Pharao geworden ist. Dieses Datum ergibt sich daraus, daß Jakobs Eintritt nach Ägypten nach Exodus 12,40 430 Jahre vor dem Exodus der Israeliten aus Ägypten (nach LXX 1605 v. Chr.) erfolgte. Als Ursache der berühmten „sieben mageren Jahre“, die auf „sieben fette Jahre“ folgten, kommt ein Vulkanausbruch außerhalb der damaligen antiken Welt in Frage. Chinesische Chroniken sprechen etwa zeitgleich mit dieser Dürre im Nahen Osten von massiven Überflutungen. „Yu, der Große“, späterer Begründer der Xia-Dynastie, läßt Dämme errichten und rettet sein Volk vor dem Untergang. Im Jahre 2030 v. Chr gehen laut LXX die sieben mageren Jahre zu Ende, was wiederum erstaunlich gut paßt:

Dem Ägyptologen Thomas Schneider zufolge beendet Pharao Mentuhotep II. nämlich um 2030 die erste Zwischenperiode und gründet das Mittlere Reich, welches dann mit Theben als Hauptstadt bis ca. 1650 v. Chr. besteht. Nach dessen Sohn Mentuhotep III. kommt mit Amenemhet I. um 1998 v. Chr. der erste Pharao der 12. Dynastie an die Macht. Er wird bis zu seinem Tode [21] im Jahr 1965 v. Chr. regieren, die letzten zehn Jahre zusammen mit seinem Sohn Senusret I. Nun ergibt sich aus der LXX, daß Josef im Jahre 2074 v. Chr. geboren wurde. [22] Da er nach Gen. 50,26 110 Jahre alt wurde, muß er 1964 v. Chr. gestorben sein, also etwa gleichzeitig mit Amenemhet I. [23] Die Übereinstimmung ist verblüffend, zumal alte jüdische Texte berichten, daß Josef am Ende tatsächlich Pharao wurde. [24]

10. FIXPUNKT: GILGAMESCHS MAUER, DIE DATIERUNG VON NOAHS FLUT UND DREI DER ÄLTESTEN HOCHKULTUREN

Die biblische Sintflut

Betrachten wir nun ein weiteres Großereignis: Die biblische Sintflut. [25] Biblische Tradition und Gilgameschepos stimmen darin überein, daß diese Flut vor sehr langer Zeit über den Irak hereingebrochen ist.

Wahrscheinlichstes Szenario für ein solches Ereignis wäre ein Meteoriteneinschlag im Indischen Ozean mit nachfolgendem über einhundert Meter hohem Tsunami. Ein solcher Impakt in mehrere Kilometer tiefes Wasser muß keinen Krater hinterlassen und ist daher schwer nachzuweisen. Dennoch wurde 2006 eine „Burcklecrater“ genannte Struktur im südlichen Indischen Ozean entdeckt. Zwei- bis dreihundert Meter hohe Dünen auf Madagaskar, die wahrscheinlich von einem Megatsunami aufgeworfen wurden, datieren auf über 5000 Jahre. In Westaustralien existiert eine dementsprechende zweite Riesendüne.

Eine ungefähre Datierung der Sintflut läßt sich aus dem Gilgameschepos gewinnen, denn Gilgamesch, der fünfte sumerische König nach der Flutkatastrophe, baute gegen Ende seines langen Lebens die Stadtmauer von Uruk. Diese wurde aber ausgegraben und datiert auf 3000 bis 2900 v. Chr. Dieser frühsumerische König lebte also um 3000 v. Chr. Da Gilgamesch bereits der fünfte nachsintflutliche König ist, fällt die Flut des Noah also gemäß dem Gilgameschepos, dem nach der Bibel zweitwichtigsten Zeugen, in eine Zeit um 3200 v. Chr. Die Septuaginta ist mit diesem ungefähren Zeitrahmen, der sich aus dem Gilgameschepos ergibt, kompatibel, wenn sie die große Flut durch die Lebensdaten der Patriarchen auf 2242 nach Adam = 3266 v. Chr. festlegt.

Nach dem masoretischen Text hingegen, wie er spätestens nach der Zerstörung des Tempels 70 n. Chr. im pharisäischen Judentum normativ wurde, soll die Sintflut jedoch 1656 Jahre n. A. bzw. 2288 v. Chr. stattgefunden haben. Ein Datum, das mit archäologischen Befunden völlig unvereinbar ist, denn zu dieser Zeit erlebte Mesopotamien unter Sargon I. seine größte Blüte.

Betrachten wir als dritte unabhängige Torahversion schließlich den *samaritanischen Pentateuch*. Dieser datiert die Zeit Adams auf 4305 v. Chr. bzw. die Sintflut auf 2998 v. Chr. und liegt somit zwischen Septuaginta und masoretischem Text. Die (heutige) samaritanische Chronologie liegt für Daten nach der Flut näher an der Septuaginta als am masoretischen Text, stimmt aber schlechter mit den geo- und archäologischen Daten überein. Sie wird daher in diesem Rahmen nicht weiter diskutiert.

Mit der LXX-Datierung der Sintflut, die durch Datierung von Uruks Stadtmauer gestützt wird, läßt sich ein weiteres biblisches Ereignis einordnen, nämlich der Turmbau zu Babel und sein Bauherr Nimrod [26] – letzterer war der Bibel zufolge ein Urenkel Noahs. Gen. 10,9: „*Nimrod ... dieser war ein großer Jäger vor dem Herrn.*“ Laut LXX hat Nimrod zwischen 3200 und 3100 v. Chr. gelebt. Er errichtete die Stadt Erech (= sumerisch Uruk) sowie jenen in Gen. 11 erwähnten „Turm zu Babel“. Nun taucht in den sumerischen Königslisten ein ähnlicher Name auf: Enmerkar, wobei En = König bedeutet und kar = Jäger (vgl. „Orion der Jäger“ in der griechischen Mythologie). Enmerkar baute sumerischen Erzählungen zufolge u. a. die Zikkurats von Uruk und Eridu. Gilgamesch, der dritte König nach Enmerkar, lebte wie erwähnt zwischen 3000 und 2900 v. Chr. Der drei Generationen frühere En-mer-kar wäre daher um 3100 v. Chr. König von Uruk (dem biblischen Erech) gewesen, was nach Septuaginta-Chronologie zeitlich zu Noahs Urenkel Nimrod paßt, der laut Gen. 10 just zu dieser Zeit Erech erbaute. Offenbar ist der biblische Nimrod also mit Enmerkar identisch, einem der ersten sumerischen Könige nach der Flut. Der „Turm zu Babel“ ist dann entweder der Innana geweihte Zikkurat von Uruk oder der noch ältere in Eridu.

Drei der ältesten Hochkulturen und die drei Söhne Noahs

a) Nimrods bzw. Gilgameschs Stadt Uruk wurde als eine der ältesten Siedlungen Mesopotamiens nach archäologischem Befund ca. 3200 v. Chr. auf noch älteren Überresten gegründet.

b) Das gleiche Alter gilt, nach neueren archäologischen Befunden, für den Zeitpunkt der Gründung der ersten ägyptischen Städte. („0“-te Dynastie von Theben).

c) Für die Induskultur galt lange Zeit eine etwas jüngere Datierung (ca. 2500 v. Chr.), bis man in den letzten zwanzig Jahren in Harappa auf eine ältere Schicht stieß, die ähnlich wie in Ägypten und Uruk bereits über Anfänge einer Bilderschrift verfügte! Der Beginn dieser sogenannten Ravi-Phase wird mit ca. 3300 v. Chr. beziffert, also innerhalb der Fehlergrenzen solcher Datierungen derselbe Wert wie für den Beginn der ersten Städte in Ägypten und Mesopotamien.

Ist es Zufall, daß die drei ältesten Hochkulturen nicht nur gleichzeitig gegründet wurden, sondern auch noch unübersehbare Ähnlichkeiten zueinander aufweisen? Man kann es nicht beweisen, aber es ist verlockend, die Gründung dieser drei Ausgangspunkte menschlicher Zivilisation den drei Söhnen Noahs zuzuordnen, von denen das Jubiläenbuch berichtet, Cham habe den Westen mit Ägypten erhalten, Japhet den Norden und Osten, und Sems Nachkommen seien in der Mitte, d. h. dem Nahen Osten geblieben. [27]

II. FIXPUNKT: DIE BOSPORUSÜBERFLUTUNG UND DER VERLUST EDENS

Eine geologische Untersuchung des Meeres am Bosporus hat zu Beginn der 90er Jahre ergeben, daß sich ungefähr 7500 Jahre vorher eine gewaltige Katastrophe ereignet haben muß.

Am Ende einer besonders warmen Periode, die die letzten Eiszeitgletscher zum Schmelzen brachte, stieg der Pegel des Mittelmeers bis zur Höhe der damals noch geschlossenen Barriere zwischen Mittelmeer und dem damaligen Schwarzmeersee. Am Ende durchbrachen die Fluten die schmale Landbrücke, welche beide Gewässer trennte, und ergossen sich in den circa 120 Meter tiefer liegenden Süßwassersee – das damalige Schwarze Meer. In kurzer Zeit wurde dabei eine Landfläche von circa 120000 qkm überflutet und bildet seitdem die Schelfregion des Schwarzen Meeres. [28] Noch ist umstritten, was letztendlich diese Verbindung zweier Meere bewirkt hat. Während Walter Pitman und William Ryan, die Entdecker dieses Großereignisses, für ein allmähliches Überlaufen des Mittelmeeres plädieren, erscheint es doch als wahrscheinlicher, daß ein Asteroidenimpakt oder eines der dort sehr häufigen

Erdbeben eine Tsunamiwelle verursachte, die dann ihrerseits das „Faß“ zum Überlaufen brachte.

Das Bosporusereignis liegt zeitlich weit vor jenem Punkt, an dem die Zeitrechnung des masoretischen Textes oder auch der samaritanischen Torah einsetzt. Um so überraschender ist, daß der ermittelte Zeitpunkt dieser Katastrophe von 5550 v. Chr. mit 5508 v. Chr., dem Datum von Adams Auszug aus dem Garten Eden nach der Septuaginta, sehr gut übereinstimmt. [29] Der masoretische Text der heutigen jüdischen und christlichen Bibeln beginnt die Zeitrechnung „nach Adam“ dagegen mit dem Jahr 4174 v. Chr., womit sich kein bekanntes Großereignis verknüpfen läßt.

So ist also, was die Torah – gemäß Septuaginta – als das Jahr 1 der Geschichte festlegt, der Zeitpunkt unmittelbar nach einer globalen Katastrophe, die den Bosporusdurchbruch bewirkte.

Eine zeitliche Übereinstimmung ist demnach vorhanden. Aber gibt es denn Überlieferungen, die den Garten Eden tatsächlich in der betreffenden Region lokalisieren?

Das in Gen. 4,16 erwähnte „Land Nod/Naith gegenüber von Eden“ war dem Buch der „Schatzhöhle“ zufolge ein hohes Gebirge im Norden und befand sich in der Nähe des Schwarzen Meeres. Schaut man auf die Karte, handelt es sich um den Kaukasus, und das Land Nod könnte das ebenfalls recht fruchtbare Georgien sein. Da Nod östlich von Eden lokalisiert wurde, ergibt sich Eden als das heutige Asowsche Meer.

Es gibt aber noch weitere Koinzidenzen, die einen Zusammenhang zwischen dem Garten Eden und der Schwarzmeerregion nahelegen. Vier große Flüsse durchquerten einst die fruchtbaren Ebenen rund um die Krim, die heute den Grund des Schwarzen Meeres bilden. Es sind Don, Den-jestr, Den-jepr und Den-ubia (Donau). Aus der Linguistik ist bekannt, daß Flußnamen häufig die ältesten sprachlichen Elemente darstellen. Sind dies also die in der Bibel erwähnten vier Flüsse „E-denistans“, d. h. des Garten E-den? [30] (vgl. Abb. S. 52)

In jedem Fall ist die Lokalisierung des biblischen Gartens Eden in dieser Region sehr alt. [31]

Auf der Krim hat man zahlreiche Gräber mit hebräischen Inschriften gefunden. Professor Chwolsen aus Petersburg hat circa siebenhundert dieser Inschriften gedeutet. Eine von ihnen lautet: „*Dies ist der Grabstein von Buki, Sohn von Priester Izhaak. Möge seine Ruhe in Eden sein, bis zur Zeit der Erlösung Israels. Im Jahr 707 seit unserer Landesvertreibung*". Ebenso wurden auf der Krimhalbinsel Grabhügel und Steinkammern mit interessanten Inschriften gefunden, die von den Wanderungen der Israeliten berichten. Professor Bruce Hannay erwähnt z. B. ein solches Manuskript, das in so einem Grabhügel gefunden wurde: „*Ich bin Judi, Moses Sohn, Sohn von Judi dem Mächtigen, ein Mann vom Stamme Naftali, welchen der Prinz Salmanesser in den Tagen des Königs Hosea von Israel und von Samaria wegführte, zusammen mit den anderen Stämmen Israels. Sie wurden nach Halach weggeführt, nach Habor, das Kabul ist, nach Gozan und nach Chersonesus, das Krim ist.*"

In diesen Zusammenhang gehört auch die Entdeckung der Botaniker, daß einige unserer wichtigsten Kulturpflanzen – es sind gerade jene, die in der Bibel als Pflanzen des Paradieses gelten – ursprünglich alle in den Regionen um das Schwarze Meer beheimatet waren. [32]

Interessanterweise berichtet das Jubiläenbuch – der weitaus älteste Kommentar zur Genesis – merkwürdige Details über Adams Vertreibung aus dem Garten Eden: Adam, so heißt es, wurde im Lande „Elda" erschaffen und dann zur „Ausbildung" für sieben Jahre in den Garten Eden geschickt:

„*Und wir gaben ihm Arbeit und lehrten ihn alles, was sich auf die Pflege* [des Gartens] *erstreckt.*" Über die verbotene Frucht heißt es: „*Ihr werdet sein wie die Götter und Gutes und Böses wissen.*"

Falls aber nur Adam und Eva für ihren Sündenfall bestraft werden sollten, wieso sagt das Jubiläenbuch dann:

„Und er schickte aus dem Garten Eden alles Fleisch, das in dem Garten war, und alles Fleisch zerstreute sich je nach ihrer Art und je nach ihrer Natur an den Ort, der für sie geschaffen war"? Danach wohnten Adam und Eva wieder in Elda, und Adam *„bearbeitete die Erde, wie er es im Garten Eden gelernt hatte."*

Offenbar war der Garten Eden ein landwirtschaftlich genutztes Gebiet, und Adam wurde hier zum tüchtigen Bauern ausgebildet! Die Vertreibung *allen Fleisches* aus Eden zeigt aber, daß es nicht um Strafe für einen menschlichen Sündenfall geht, sondern daß der Garten als ganzes aufgegeben werden mußte. Vielleicht wegen der bevorstehenden Überflutung?

War Adams Paradies also mit jener einst so fruchtbaren Ebene am Donaudelta identisch, die heute den Grund der Schelfregion des Schwarzen Meeres bildet? Auf jeden Fall gilt:

Der Beginn der biblischen Zeitrechnung gemäß der Septuaginta deckt sich innerhalb der Fehlergrenzen der C-14-Datierung mit dem Zeitraum der Überflutung des Schwarzmeerbinnensees durch das ansteigende Mittelmeer.

RESULTAT

Die Chronologie der ursprünglichen Septuaginta läßt sich, wie man aus den mehr als zehn Beispielen ersehen kann, wissenschaftlich datierbaren Ereignissen zuordnen, sehr im Unterschied zu derjenigen Torahversion, welche die Masoreten des 10. Jahrhunderts n. Chr. als normativ festlegten. Der masoretische Text besitzt im heutigen Judentum alleinige Gültigkeit, und er dominiert die christlichen Bibeln nahezu aller Konfessionen.

Die frühen Christen hingegen benutzten in den ersten drei Jahrhunderten ausschließlich die Septuaginta (LXX) genannte griechische Übersetzung, die im Bereich der orthodoxen Kirche sogar heute noch kanonisch ist. Im Westen ersetzte die römische Kirche die griechische LXX ab 400 n. Chr. zunehmend durch die lateinische Vulgata des Hieronymus. „St. Jerome" ließ sich offenbar durch seinen jüdischen Hebräischlehrer von den Vorteilen des masoretischen Texts überzeugen und legte für das Alte Testament seiner Bibel – im Unterschied zu der bis dahin gültigen christlichen Tradition – den M-Text zugrunde. Luther mit seinem Leitsatz „*In hebreo veritas*" und alle anderen Reformatoren sind ihm darin blind gefolgt. So kommt es, daß nahezu alle heute erhältlichen Bibeln, bis auf einige ausgewählte Stellen, den masoretischen Text der Pharisäer und ihrer Nachfolger zugrundelegen. [33]

III.

5500 Jahre nach Adam

In Vorbereitung auf einen neuen *Kalender der Kinder Adams* gilt es, hier noch die Bedeutung der Zahl 5500 innerhalb der sogenannten Jubiläen mit Blick auf ihre Symbolik im Rahmen des biblischen Schöpfungsberichtes zu würdigen.

DAS KALENDERSYSTEM DER JUBILÄEN

„... *daß beim Herrn ein Tag wie tausend Jahre und tausend Jahre wie ein Tag sind*" (2Petrus 3,8)

Die Chronologie der LXX erweist sich im Vergleich mit archäologischen Fixpunkten als korrekt und mit ihr auch das magische Geburtsdatum Jesu 5500 Jahre nach Adam bzw. nach der Bosporuskatastrophe. Im Rückblick auf die letzten 2000 Jahre läßt sich sagen, daß Leben und Botschaft Jesu tatsächlich einer der Wendepunkte der Menschheitsgeschichte gewesen ist. Was aber bedeutete „5500 nach Adam" für das damalige Judentum?

Aus der Torah selbst läßt sich das Rechnen in einem 7-er System von Jahrwochen und Jubiläen (7 x 7 = 49 Jahre + 1 Jubeljahr = 50) herleiten, und das *Buch der Jubiläen* aus dem zweiten vorchristlichen Jahrhundert belegt, daß diese Zeiteinteilung bereits früh im Judentum und Samaritanertum allgemein verankert war. Zusammen mit dem auf das 49. Jahr folgenden Jubeljahr ergeben sich 50-Jahreszyklen, deren jeweils zehn ihrerseits einen Großzyklus von 500 Jahren bilden. [34] Übrigens wird der Abstand zwischen den sieben Himmeln nach jüdischer Überlieferung ebenfalls symbolisch zu „500 Jahren“ bestimmt. Das in der Antike weit verbreitete *Buch der Jubiläen* zeigt exemplarisch, welch große Bedeutung der Chronologie, d. h. der Bestimmung der aktuellen Position im göttlichen Zeitplan, damals zugemessen wurde. Dieses auch *Kleine Genesis* genannte Werk ordnet die gesamte Heilsgeschichte in das System der Jahrwochen, Jubiläen und 500-er Zyklen ein. Für Menschen, die sich an diesem System orientierten, stand es außer Frage, daß auch das Kommen des Messias zeitlich mit diesem System übereinstimmen mußte. Man erwartete sein Kommen folglich für den Beginn eines neuen 500-Jahreszyklus. Im chronologischen System des Jubiläenbuchs entspricht 5500 genau elf großen Jubiläen zu je 500 Jahren.

In der Bibel des äthiopischen Christentums hat sich das *Jubiläenbuch* bis heute erhalten – ein deutliches Zeichen, daß es auch im frühen Christentum geschätzt wurde. Auch das ursprünglich aramäische *Henochbuch* und die *Petrusapokalypse*, die beide im frühen Christentum als kanonisch galten, haben im äthiopischen Refugium bis in unsere Tage überdauert.

SYMBOLIK DER ZAHL 5500 IM BIBLISCHEN SCHÖPFUNGSBERICHT

Vergleicht man das Datum 5501 n. A. mit dem metaphorischen Ablauf des biblischen Schöpfungsberichtes, so erschließt sich seine besondere Bedeutung:

Nach Genesis 1,26 erschuf „Elohim“ den ersten „Menschensohn“ Adam am sechsten Schöpfungstag, und zwar hebräischen Torahkommentaren zufolge genau zu Sonnenaufgang, was in dieser Zeitrechnung der Tagesmitte entspricht. Der biblische Tag beginnt nämlich mit der Abenddämmerung. Nun sind bei Gott, wie die Bibel selber an einigen Stellen vermerkt, tausend Jahre wie ein Tag. (vgl. Psalm 90,4: *„Ein Tag des Herrn wird* *sein wie tausend Jahre*"). Im Barnabasbrief (Kap. 15,4, 1. – 2. Jhdt. n. Chr.) wird auf diese Stelle Bezug genommen, um zu zeigen, daß der damalige Weltzyklus nach 6000 Jahren zum Abschluß gelangen wird. [35] Jeder der fünfeinhalb Schöpfungstage bis zur Erschaffung Adams entspräche mithin einer Zeitspanne von tausend Jahren. Summa summarum sind das also 5500 Jahre. Völlig analog erwartete man nach der Formel „1000 Jahre = 1 Tag" die Ankunft des zweiten Adam, d. h. des Messias, genau 5500 Jahre nach dem Sündenfall des ersten Menschensohns Adam. Jesus wird nämlich in manchen frühchristlichen Schriften „der zweite Adam" genannt, und auch dem Koran zufolge gleicht Jesus Adam. (Sure 3:59)

Die Geburt des Messiah Jeschua fällt nun nach der Septuaginta genau in die Mitte des sechsten Gottestages, 5500 Jahre nach der Vertreibung Adams aus dem Paradies, und bestätigt diese Erwartung der Schriftgelehrten mit erstaunlicher Präzision. Da biblische Tage mit Sonnenuntergang beginnen, kann man jeden Gottestag von 1000 Jahren in eine 500-jährige Nacht und danach eine 500-jährige Tagphase unterteilen. Exakt mit der Geburt Jesu wird es also Tag, und die Sonne erscheint am Horizont!

Eine entsprechende (unabhängige?) Tradition hat auch der *Zohar* bewahrt, eine der Basisschriften der Kabbala. Dort heißt es:

„*Im sechsten Teil des sechsten Jahrtausends werden die Tore übernatürlichen Wissens sich oben über den Quellen des irdischen Wissens unten öffnen. Damit wird beginnen, wie die Welt sich auf das Sabbatjahrtausend vorbereitet.*" Der sechste Teil des sechsten Jahrtausends ist aber der Zeitraum zwischen 5500 und 5600, genau der Zeitraum also, in welchen die Lebenszeit Jesu fällt, wenn man die LXX zugrundelegt!

WARUM LIESS DER RÖMISCHE VASALLENKÖNIG HERODES ALLE KNABEN TÖTEN?

Die Geschichte aus dem Matthäusevangelium Kap. 2 ist wohlbekannt. Die Magier kamen zum König Herodes von Judäa und fragten nach dem neugeborenen König der Juden. Herodes fürchtete sofort um seine Macht, denn er selbst war nur von den Römern eingesetzt und hatte als Nichtjude keinen legitimen Anspruch auf den Thron Davids. Als die Magier nicht wie versprochen zurückkehrten und ihm berichteten, *„ergrimmte er sehr und sandte und tötete die Knaben alle, die es in Bethlehem gab und in seiner Umgebung, vom Zweijährigen und darunter nach dem Gleichnis der Zeit, die ihm die Magier gesagt hatten. Damals wurde das Wort erfüllt, das Jeremia der Prophet gesagt hatte:* ‚Eine Stimme ist gehört worden in Rama, Wehgeschrei und Weinen und viel Jammern. Die Stimme der Rachel, welche über ihre Söhne weinte und sich nicht trösten lassen wollte, weil sie nicht sind.“ (Mt. 2,16f. nach dem ältesten aramäischen Text: *Codex Syrus Sinaiticus*).

Das „Gleichnis der Zeit“ sind genau jene elf Dekajubiläen seit Adam, die sich in jenen Tagen erfüllten. Da wegen Rundungsfehlern bei der Chronologie der Bibel geringe Unsicherheiten entstehen, tötete Herodes auch die bis zu Zweijährigen, um ganz sicherzugehen, daß kein potentieller Messias davonkäme. Die einzigen Knaben, die zur rechten Zeit am rechten Ort geboren waren und das Massaker dennoch überlebten, waren, soweit wir wissen, Jesus und sein sechs Monate älterer Verwandter Johannes der Täufer! Es kamen aufgrund ihrer Geburt zur richtigen Zeit also nur diese beiden als Messiah in Frage. Laut Mt. 11,3 bzw. Lk. 7,19 fragte Johannes aber Jeschua/Jesus durch seine Jünger, ob er der sei, *„der da kommen soll.“*

Halten wir also fest: Jesus erfüllte bereits mit seinem Geburtsdatum im Jahre 7 v. Chr. (= 5502 n. Adam, LXX-Version) die Messiaherwartungen der Juden, denn seine Geburt ereignete sich gerade in jenem Jahr, in welchem nach der damals verbreitetsten Bibelversion mit der Ankunft des Messiah zu rechnen war.

WARUM WURDE DIE CHRONOLOGIE IM MASORETISCHEN TEXT GEÄNDERT?

In Ermangelung von Zeugnissen läßt sich diese Frage nicht mit Sicherheit beantworten. Aufgrund der eben dargelegten Bedeutung von Jesu Geburtsdatum kann aber folgendes Szenario für sehr plausibel gehalten werden:

Das perfekte „Timing" der LXX bzgl. der Geburt Jesu im 5501. Jahr nach Adam konnte als starkes Argument für die Messiahschaft Jesu ins Feld geführt werden. Zusammen mit einigen anderen Stellen, z. B. der berühmten „Siehe, die Jungfrau wird schwanger sein" in Jesaja 7,14 LXX, war dies ein wichtiger Grund, warum die LXX von den jüdischen Oberhäuptern unter Rabbi Akibahs Führung circa fünfzig Jahre nach der Zerstörung des Tempels durch eine überarbeitete Fassung ersetzt wurde. Indem man den Zeitpfeil drastisch verkürzte, ließ sich das schlagende Argument für die Messiahschaft Jesu dadurch eliminieren, daß das heikle Messiahdatum zugleich in weite Ferne gerückt wurde. Um sich nicht in Widersprüche zu verwickeln, nahm man die massiven Änderungen in grauer Vorzeit vor. Für diese existierten außerhalb der Bibel keine Chroniken, aus deren Vergleich man die Manipulation schon damals hätte beweisen können. Je weiter sich die Chronologie der historisch überschaubaren Periode näherte, desto kleiner wurden dann die Abweichungen zwischen *Septuaginta* und dem *Reformtext* der „*Tannaim*" [36], der später als *masoretischer Text* Berühmtheit erlangen sollte. Passenderweise wurde die manipulierte Bibel fortan von Rabbi Akibahs Kreis als bis auf die Buchstabenebene inspiriert und damit unveränderlich gepriesen! [37]

(Talmud bavli Sanh. 97b): Der Tanna Eliahu lehrte:

„*Die Welt wird sechstausend Jahre existieren. In den ersten beiden* [tausend] *war Verwüstung. Zweitausend Jahre blühte die Torah. Und die nächsten zweitausend Jahre sind das messianische Zeitalter.*“

Mit Eliahus Vorhersage, daß nun das messianische Zeitalter begänne, wurde der Fluch der Tempelzerstörung ins Positive gewendet und außerdem die Voraussetzung geschaffen, einen eigenen Messiahkandidaten aufzubauen, was Akibah dann einige Jahrzehnte später mit Bar Kochba auch tatsächlich umsetzte. Akibah hatte ihn zum Messiah, der das heilige Land befreien sollte, aufgebaut und die weitere Revolte gegen die Römer angeschürt. Das Resultat dieses Messiahschwindels war indes verheerend. Nach dem Scheitern des Bar Kochba Aufstands im Jahre 135 n. Chr. wurde Akibah von den Römern gefoltert und getötet. Das heilige Land wurde für Juden bzw. Judenchristen verboten, und es begann die 1800-jährige Diaspora.

Paradox: Trotz der selbst verschuldeten Niederlage sowie des Verdikts in Dtn. 18,18 über falsche Propheten blieb Akibah für das rabbinische Judentum bis heute ein Held. Es ist eine Ironie der Geschichte, daß Jesus, weil er zum Messiah erklärt worden war, zum Tod verurteilt wurde, während Akibah, der Bar Kochba zum Messiah erklärt hatte, als großer Heiliger verehrt wird. Natürlich brachte der tragische Zusammenbruch jener selbsterzeugten Messiaherwartungen das pharisäisch/rabbinische Judentum in eine schwere Krise. Damals setzte man der Lehre des Tanna Eliahu die Rechtfertigung hinzu: „*Aber durch unsere vielen Sünden sind all diese* [messianischen] *Jahre verlorengegangen.*“

ERGEBNISSE

Die erstaunlich präzise Übereinstimmung der lange unterschätzten LXX-Version des Alten Testaments mit neuesten archäologischen Datierungen kann nicht leicht als Zufall abgetan werden. Dies spricht entschieden dafür, daß allein die LXX-Chronologie der verbreiteten Manipulation der Zeiten entging. Die Septuaginta erweist sich somit – einschließlich ihres Datums von 5502 n. A. für Jesu Geburt – als historisch korrekt!

Die hier gezeigten Übereinstimmungen zwischen LXX-Bibel und C14-Datierungen bilden die Stützen einer neuen Chronologie der Frühgeschichte, die erstmals in der Lage sein wird, die bisher unvereinbaren Zeitrechnungen der antiken Völker auf einen gemeinsamen Nenner zu bringen und von da ausgehend eine stimmige Chronologie der antiken Welt zu gewinnen. In jedem Fall ergeben sich weitreichende Konsequenzen, sowohl für unser Bild der biblischen Ereignisse als auch der Geschichte insgesamt.

Eine Präzision wie die jahrgenaue Übereinstimmung der LXX mit dem 4,2 Kilojahr-Event war in der Antike eigentlich unmöglich. Selbst falls man annimmt, daß Moses persönlich die Torah aufschrieb, lag das Ereignis damals schon 650 Jahre in der Vergangenheit. Doch ist dies nicht das einzige Wunder. Der hier nun vorgestellte *Kalender der Kinder Adams* zeigt, daß gemäß der LXX-Chronologie viele bedeutende Ereignisse bis in die jüngste Vergangenheit auf runde Daten im biblischen System der Jubiläen fallen. Es bleibt jedem überlassen, ob er dies als puren Zufall oder als Indiz für eine höhere Ordnung ansehen will.

1 (*Z. d. Mrgld. Ges.* Bd. 142, 53 (1992)). Antike Chronologie ist eine Wissenschaft voller Fallstricke, da die Angaben der antiken Autoren häufig widersprüchlich sind oder sogar aus irgendeinem ideologischen Grund gezielt gefälscht wurden.

2 Das Chaos der Schriftversionen und Lesarten führte bereits im 3. Jhdt. n. Chr. dazu, daß wahrheitssuchende Gelehrte wie *Origenes* und *Lukian von Antiochien* die Wissenschaft der Textkritik begründeten und gewaltige Anstrengungen unternahmen, den Urtext wiederherzustellen. So stellte die *Hexapla* des Origenes den hebräischen Text und fünf verschiedene Übersetzungen in Spalten nebeneinander. Ihre erhaltenen Fragmente sind oft die einzige Quelle für diese alternativen Versionen.

3 Erste deutsche Übersetzung der *Septuaginta*: Deutsche Bibelgesellschaft, 2. Edition (1. Januar 2009).

4 Wir sprechen von der ursprünglichen LXX, ohne den interpolierten „*Kenan II*". Kenan II, der wohl aus dem Stammbaum des Lukasevangeliums in die christliche LXX geriet, bringt zusätzliche 130 Jahre. Je nach Handschrift kommt es außerdem zu Schwankungen von einigen Jahren, die sich aber mit den Methoden der Textkritik korrigieren lassen. (vgl. ANNA-DOROTHEE VON DEN BRINCKEN: *Ende und Vollendung* (2012), S. 184).

5 Im Mittelalter wurde dieser Anfang der biblischen Zeitrechnung oft mit dem Zeitpunkt der Schöpfung gleichgesetzt, was die Bibel allerdings nirgends explizit behauptet. Natürlich war sich eine eingeweihte Schicht immer bewußt, daß dieses Datum nicht die „Schöpfung der Welt" bezeichnen wollte, sondern den Zeitpunkt, da „Adam" (hebr. „Mensch") den „Garten Eden" verlassen mußte. Geheimere Überlieferungen der monotheistischen Religionen wissen von „Adams" vor diesem Adam bzw. von Zeitaltern (grch. „Aion", d. h. Äon, oft fälschlich mit „Ewigkeit" übersetzt) vor diesem Zeitalter und Menschen vor der heutigen Menschheit, die biblisch als „*Söhne Adams*" bezeichnet wird. Somit gibt es bezüglich des prähistorischen Menschen keinen Widerspruch zwischen wissenschaftlichen Fakten und spiritueller Tradition.

6 Eine weitere Chronologie, deren Herkunft leider im dunkeln liegt, wurde von dem jüdisch-christlichen Seher Michel de Notre Dame („Nostradamus“) benutzt. Laut MANFRED DIMDE (2003) rechnete Nostradamus mit einer biblischen Chronologie, die vom masoretischen Text um + 997 Jahre abweicht. 2010 = 5770 masoretischer Text = 6767 Nostradamus. Die magische 5500 hätte in diesem System im Jahre 743 n. Chr. gelegen. Nostradamus soll auch vorausgesagt haben, daß die Juden aufgrund der falschen Chronologie ihre Prophezeiungen falsch interpretieren werden. Obwohl „Nostradamus“ deutlich näher an die Datierungen der LXX heranreicht, greift auch seine Chronologie noch immer um 751 Jahre zu kurz. Dennoch gebührt dem berühmten Seher das Verdienst, als erster auf die masoretische Fehldatierung und ihre möglichen Folgen hingewiesen zu haben.

7 Die heutige jüdischen Zeitrechnung beruht nicht auf dem Text der Bibel, sondern auf *Seder Olam Rabba*, einer Abhandlung von ca. 160 n. Chr., die im Jahr 3760 v. Chr. beginnt. Interessanterweise stimmt das Jahr 5501 des *Seder Olam Rabba* mit dem Jahre 1740 n. Chr. überein. Just zu diesem Zeitpunkt, an dem Kabbalisten aufgrund einer entsprechenden Zoharstelle und der Chronologie des M-Textes die Ankunft des Messias erwarteten, trat der Baal Schem Tov auf und begründete die messianisch endzeitliche Bewegung der Chassidim. Das Beispiel zeigt, daß 5500 nach Adam nicht nur von Christen, sondern auch von Juden (auch Samaritanern?) verschiedener Epochen als „magisches“ Ankunftsdatum des Messias betrachtet wurde. Im gleichen Jahr 1740 n. Chr. gründete ein gewisser ʻAbdul Wahhāb in der arabischen Wüste eine neue islamische Sekte, die inzwischen zu großem Einfluß gelangt ist.

8 Stellvertretend für andere: ISRAEL FINKELSTEIN (Univ. Tel Aviv) UND NEIL ASHER SILBERMAN: *Keine Posaunen vor Jericho: Die archäologische Wahrheit über die Bibel*, (*The Bible Unearthed, Archaeology's New Vision of Ancient Israel and the Origins of its Sacred Texts*, New York 2001), C. H. Beck, München 2002, dtv 2004.

9 Chronologien: REINHARD PUMMER: *Early Christian autors on Samaritans and Samaritanism*. Texts, Translations and Commentary (2000), Tübingen 2002.

10 Die gebildete Elite in der griechisch-römischen Welt war sich immer bewußt, daß die „Götter" in einem früheren Äon als menschliche Könige auf der Erde gelebt hatten. Die Apologien der Kirchenväter (besonders ergiebig ist hier Tertullian) greifen dieses Wissen auf, wenn sie erklären, daß sich der Götzendienst unmittelbar aus dem Ahnenkult entwickelt habe. In Ostasien kann man derartige „Evolutionsprozesse" der schrittweisen Vergöttlichung verdienstvoller Ahnen vielerorts noch heute beobachten.

11 Einseitiges Vertrauen auf den masoretischen Text führte ISRAEL FINKELSTEIN zu seinem irrigen deutschen Buchtitel: *Keine Posaunen vor Jericho*. Vgl. hier Anm. 8.

12 Bischof Theophilus von Antiochia gibt als erster christlicher Autor um 180 n. Chr. einen detaillierten Abriß der biblischen Chronologie (*Ad Autolycos III*). Er stützt sich auf eine Septuaginta, die bezüglich der Lebensdaten fast mit dem Codex Vaticanus identisch ist, mit Ausnahme der Weglassung des (schon immer suspekten) „Kenan II", der wohl zwecks „Harmonisierung" aus dem Jesusstammbaum des Lukasevangeliums sekundär in die christliche LXX eingebracht worden war. Erst durch den Wegfall der durch „Kenan II" bedingten 130 Jahre wird die Übereinstimmung zu den C-14 datierbaren Fixpunkten genau (hier als „ursprüngliche LXX" bezeichnet)! Mit „Kenan II" wären die magischen 5500 bereits 137 v. Chr. erreicht worden. Vielleicht diente diese Chronologiestreckung dazu, dem umstrittenen Makkabäer Hyrkanos I. und seiner Hasmonäer-Dynastie eine messianische Aura zu verleihen.

13 Viele Septuagintamanuskripte haben hier fälschlich 440. An dieser Stelle hat einmal der masoretische Text die richtige Zeitangabe.

14 PETER JAMES UND PETER VAN DER VEEN in *Spektrum der Wissenschaft*, 12/2008.

15 HARALD HAARMANN: *Geschichte der Schrift*, München 2002.

16 Übrigens scheint der biblische König Hiram mit dem „weisen Lokman" identisch zu sein, der im Koran erwähnt wird. Gewisse Erzählungen, die in Korankommentaren von „Luqmān al-Ḥakīm" berichtet werden, kennt die jüdische Überlieferung (ADOLPH JELLINEK: *Beit ha Midrasch* (Hebr.), dt. in A. Wünsches Übers., Hildesheim 1971 (Nachdruck)), nämlich vom

phönizischen König „Hiram“, der laut Bibel für Salomon den Tempel gebaut hat.

Auch die jemenitische Tradition setzt „Chiram“ und „Lokman“ zueinander in Beziehung, indem sie „Lokman“ zum König eines „Reiches Chiram“ macht. (Vgl. hierzu GABRIEL MANDEL: *Das Reich der Königin von Saba* (*Il regno di Saba, ultimo paradiso archeologico* (*1973*)), dt. Bern/München 1976.) Die jemenitische Tradition schreibt „Lokman dem Baumeister“ ferner die Konstruktion des gewaltigen Staudamms von Marib zu, einer Leistung, die ihresgleichen nur noch in einigen ägyptischen Monumentalbauten findet.

Schließlich scheint „Chiram“ mit dem weisen Centauren „Chiron“ der griechischen Mythologie übereinzustimmen. Dieser war bekanntlich heilkundig und außerdem der geistige Mentor zahlreicher griechischer Helden, deren berühmtester Herakles ist. Übrigens waren die Urväter der „mythologischen“ Griechen Könige von Phönizien, bevor sie in die Ägäis auswandern. Interessant ist ferner die Beteiligung des Phöniziers Chiron am Bau der Argo – dem Bau des ersten hochseetüchtigen Schiffes. Die Argonautensage kann als Gründungslegende der phönizischen Seefahrerkultur verstanden werden. Ziel der Argofahrt war bekanntlich die Stadt Kolchis am Nordufer des Schwarzen Meeres, wo man das Goldene Vlies erbeuten wollte.

17 Auch für Ägypten haben wir erst ab ca. 700 v. Chr. eine jahresgenaue Chronologie. LEO DEPUYDT in *Spektrum der Wissenschaft*, 12/2008.

18 *Spektrum der Wissenschaft* 11/2003, S. 11, zit. nach *Nature* vom 11. 9. 2003, S. 169.

19 Das Leben dieses Stammvaters der Araber spielt vollständig während der 150-jährigen Dürre, und das wundersame Erscheinen eines Brunnens in der Wüste von Paran wird in Gen. 21,19ff. geschildert. (Die LXX hat zusätzliche Hinweis auf die Versteppung des Landes, die im M-Text getilgt wurden. Gen 13,1 LXX: „*Abram aber zog aus Ägypten hinauf in die Wüste …*“ und in Gen. 13,3: „*Und er zog dahin, woher er gekommen war, in die Wüste bis nach Bethel.*“ Da Bethel nahe Jerusalem die meiste Zeit fruchtbares Land war, vermuteten spätere Redaktoren hier wohl einen Fehler und tilgten „*in die Wüste*“.)

20 Vgl. a. NELSON GLUECK: „The age of Abraham in the Negeb", in: *The biblical archaeologist*, Vol. XVIII, 1 (1955).

21 In der „Geschichte des Sinuhe" wird sein Todesdatum erwähnt: „Im Jahre 30 am 7. Achet stieg der Gott empor zu seinem Horizont."

22 Josef ist dreißig Jahre alt, als er die Träume des Pharao deutet. (Gen. 41,46) Jakob zieht im zweiten mageren Jahr (Gen. 45,6 LXX; 46,1ff.) 430 Jahre vor dem Exodus (1605 v. Chr.) nach Ägypten, d. h. 2035 v. Chr., neun Jahre zuvor – also 2044 v. Chr. – deutet Josef im Alter von dreißig Jahren die Träume. Er muß also 2074 v. Chr. geboren sein.

23 Interessant ist, daß im Namen Amenemhet der Name des Schöpfergottes Amun auftaucht, der von allen ägyptischen Göttern am ehesten YHVH entspricht. Wikipedia: Amun als anthropomorphe Gottheit ist äußerst facettenreich: „Der Verborgene" galt auch als Schöpfergott, Sonnengott, Kriegsgott, König der Götter, Universeller Gott.

24 z. B. in der über 2000 Jahre alten Erzählung „Josef und Asenath" Kap. 29,9: „So war denn Josef in Ägypten alleinig Herrscher 48 Jahre lang."

25 Die Griechen wußten von insgesamt drei Flutereignissen: der *Flut des Deukalion*, des *Ogygos* und der *Dardanischen Flut*. Dardanisch von Dardanellen scheint sich auf das Bosporusereignis zu beziehen. Deukalion ist nach Konsens der frühen Christen der biblische Noah. Der Ogygos der Griechen heißt in der Bibel König Og und lebte bis zur Zeit Mose. Seine „Flut" ist wohl der Tsunami, den die Santorinkatastrophe ausgelöst hat. Danach blieb Griechenland nach antiken Quellen ca. 200 Jahre lang beinahe unbewohnt, bis eine Neubesiedelung durch den phönizischen Prinzen Kadmos (Kadmon, hebr. „uranfänglich") vorgenommen wurde. Dessen Nachfahren sind die Achäer, die nach weiteren drei Jahrhunderten in den berühmten Krieg gegen das hethitische Troja zogen.

26 Die islamische Tradition kennt einen zweiten Nimrod als Gegenspieler Abrahams. Nach LXX-Chronologie handelt es sich bei diesem um Sargon I. von Akkad.

27 Kürzlich wurde noch eine weitere Hochkultur entdeckt, deren Anfänge in den Zeitraum um 3200 v. Chr. datiert wurde. Die

Liangzhukultur lag im Delta des Yangtsekiang und entspräche zeitlich dem Beginn der chinesischen Geschichte, d. h. dem bisher als Mythos angesehenen Gelben Kaiser. (vgl. *Spektrum der Wissenschaft*, 1/2018.)

28 Dieses Ereignis wurde von den Entdeckern der Katastrophe, in Unkenntnis der oben dargestellten Koinzidenzen, fälschlich mit Noahs Sintflut identifiziert und entsprechend vermarktet. (PITMAN UND RYAN: *Sintflut. Ein Rätsel wird entschlüsselt*, Bergisch-Gladbach 1998, bzw. *Noah's Flood: The New Scientific Discoveries About The Event That Changed History* (1998)).

29 Die Abweichung von 42 Jahren beträgt nur 0,6 Prozent des gesamten Zeitraums. Sie ist angesichts der Ungenauigkeit der Bestimmung nicht signifikant. Gerade durch die dramatischen Ereignisse könnte sich am Kohlenstoff 14-Gehalt der Proben etwas geändert haben. Bei untermeerischen C14-Bestimmungen müssen sowieso Korrekturfaktoren berücksichtigt werden, da sie sonst systematisch zu alt erscheinen. Auch die seit damals atypischen Bedingungen im Schwarzen Meer können geringe Abweichungen verursachen.

30 Aus dem Wikipediaeintrag zu „hydronym“: „Die Flußnamen Donau, Don, Düna, Dubna, Dnister, Dnjepr und Donez gehen alle auf das urindogermanische *danu- (Fluß) zurück.“ Nun handelt es sich bei der hier als mögliches Eden vorgestellten Landschaft zugleich auch um die Urheimat der Indogermanen, so daß diese indogermanischen Flußnamen tatsächlich Jahrtausende in die Vergangenheit zurückreichen können. Indogermanisch wäre der biblische Name „Garten Eden“ folglich als „Garten der Flüsse“ zu interpretieren. Auch im Koran wird das Paradies als „Gärten, durch welche Flüsse fließen“ beschrieben. (Sura 9,72 u. v. m.)

31 *https://www.jta.org/2006/10/05/lifestyle/tombstones-tell-ukrainian-jewish-history* :

Recent archaeological excavations in the Crimea have revealed the ancient roots of the area's Jewish community. Tombstones prove the presence of Greek-speaking Jews in Eastern Crimea as early as the first century BCE. Some of them lived in what is now Kerch, known in ancient times as the Greek town of Panticapaeum. “Hebrew names and inscriptions on tombstones

may be seen as evidence either of Jews residing in Panticapaeum or of their involvement in trade there," said Valentina Poliakova, director of the Kerch Jewish Museum.
https://www.jewishvirtuallibrary.org/crimea-ukraine-virtual-jewish-history-tour :
Jews first settled in the southeastern area and a Jewish Hellenistic community existed there by the end of the first century C.E. (based on inscriptions). Jerome (d. 420; on Zech. 10:11, Obad. 20) heard from Jews that the Jewish settlers by the Bosporus were descended from families exiled by the Assyrians and Babylonians, and from deported warriors of Bar Kokhba. The Bosporus was called by the Jews „Sepharad".

32 Weizen entstand durch die normalerweise unmögliche genetische Fusion der beiden Grasarten des Einkorns und des Emmers. Eine solche – nahezu ausgeschlossene – Mischung zweier Spezies wurde wahrscheinlicher, da mit beiden Spezies bereits Ackerbau getrieben wurde. In gemischten Pflanzungen steigt dann die Wahrscheinlichkeit, daß es „versehentlich" doch zu einer solchen an sich „verbotenen" Kreuzung zweier Spezies kommt. Oder aber eine frühe Hochkultur führte bereits gezielte Kreuzungsversuche aus. Übrigens nennt die jüdische Tradition als verbotene Frucht vom Baum der Erkenntnis, die zu essen Gott Adam und Eva verboten hatte, ausgerechnet den Weizen!

33 Der masoretische Text ist generell im Vergleich zu nahezu allen anderen antiken Texten in sehr gutem Zustand, da sein Kopieren sehr strengen Regeln und Überprüfungen unterlag. Die erkennbar absichtliche Verkürzung der Chronologie bedurfte nur der geschickten Änderung einer Handvoll von Buchstaben, wahrscheinlich durch die Priesterelite kurz nach der Zerstörung des Tempels im Jahre 70 n. Chr. Es gibt auch ältere aber ebenso minimalinvasive Eingriffe, so z. B. wenn Ismael in Gen. 16,12 als „*YHVHs Wildeselmensch*" bezeichnet wird. Was für eine Verunglimpfung: Der heilige Gottesname in Verbindung mit einem damals sehr verachteten Tier! Es genügt jedoch, gemäß dem damals bereits bekannten ATBaSch-Code ein A gegen T auszutauschen. Dann heißt es nämlich sehr viel kongruenter: „*Ismael ist YHVHs Fruchtbaummensch*". (Im samaritanischen Text blieb die letztere Lesart sogar erhalten.)

34 Konsequenterweise müßte dem großen 500-Jahresjubiläum auch ein großes „Jubeljahrzehnt“ vorausgehen sowie entsprechend dem 5000er-Jubiläum ein „Jubeljahrhundert“. Die 5000 Jahre n. A. gingen übrigens 508 v. Chr. zu Ende. Das Jubeljahrhundert von 608 – 508 v. Chr. umfaßt die siebzig Jahre des babylonischen Exils, in denen das Land Ruhe hatte. Der mit dem Konzept Jubeljahr einhergehende Reset aller Schulden fand zwangsläufig statt, da mit dem Exil alle Aufzeichnungen verlorengingen. Es ist bemerkenswert, daß die „prophetenlose Zeit“ zwischen Sacharjas Tod und Zacharja, dem Vater des Täufers, genau ein großes Jubiläum umfaßt.

35 Dieses Ende wäre somit auf das Jahr 492 n. Chr. gefallen, was ziemlich genau dem Ende des weströmischen Imperiums und der Gründung des Frankenreiches durch den Merowinger Chlodwig entspricht. Gleichzeitig trat auch der Ostgote Theoderich in die Fußstapfen der Imperatoren. Die Christen erwarteten in dieser Zeit akut den Beginn des 7., d. h. des Sabbatjahrtausends, welches viele für das „1000-jährige Reich“ hielten und mit der Wiederkehr Jesu in Verbindung brachten. Als diese ausblieb, begann im 6. Jhdt. für die desillusionierte Christenheit eine Phase des Niedergangs, die im Westen des Imperiums nahtlos ins „finstere Mittelalter“ überging.

Die folgenden 1000 Jahre entsprachen dem 7. Tag, dem Schabbatjahrtausend, indem man sich Gott als ruhend vorstellte, mit Saturn (hebr. „Schabbatai“) als planetarem Herrscher.

Genau 1000 Jahre später im Jahre 1492 begann mit der Entdeckung Amerikas die Neuzeit oder, wie es der frühchristliche Gelehrte Irenäus von Lyon am Ende seines großen Werkes *Gegen die Häresien* ausgedrückt, der *„8. Tag“* bzw. *„Beginn einer neuen Welt“*.

300 Jahre später bildete die Ermordung von Louis XVI im Januar 1793 den Höhepunkt der französischen Revolution. (7300 oder 146 Jubiläen nach „Adam“).

500 Jahre später erreichten wir 1992 (im Dezember Zusammenbruch der Sowjetunion!) die Mitte des 8. Tages und somit die Tagphase des jetzigen Äons. 2023 n. Chr. entspricht nach der Chronologie der ursprünglichen Septuaginta dem Jahr 7531 nach Adam. (Siehe auch den Text des Kalenders im Anhang.)

36 *Tannaim* heißen die rabbinischen Gelehrten der Periode unmittelbar nach der Zerstörung des Tempels, die mit den ältesten Schichten des Talmuds in Verbindung gebracht werden. Ihnen folgen vom 3. bis 5. Jhdt. die *Amorahim*. Am Ende dieser Periode lagen dann im wesentlichen babylonischer und palästinischer Talmud vor.

37 Für Anfang des 2. Jhdts. n. Chr. als Datum der Textreform spricht, daß ein Schüler des berühmten Rabbi Akibah namens Aquila von den Gelehrten beauftragt wurde, eine griechische Übersetzung des neuen Textes herzustellen, welche für die griechisch sprechende jüdische Diaspora die bis dahin benutzte Septuaginta ersetzen sollte. Teile dieser streng M-Text konformen Übersetzung sind uns in Origenes' *Hexapla* erhalten geblieben. Fragmente des M-Texts wurden in der Murabbathöhle gefunden, die 135 n. Chr. dem falschen Messiah Bar Kocha als Aufenthalt diente. Auch der Kirchenvater Justin beschwert sich in seinem Dialog mit dem jüdischen Gelehrten Tryphon bereits um 150 n. Chr. über diese Verfälschung des Alten Testaments.

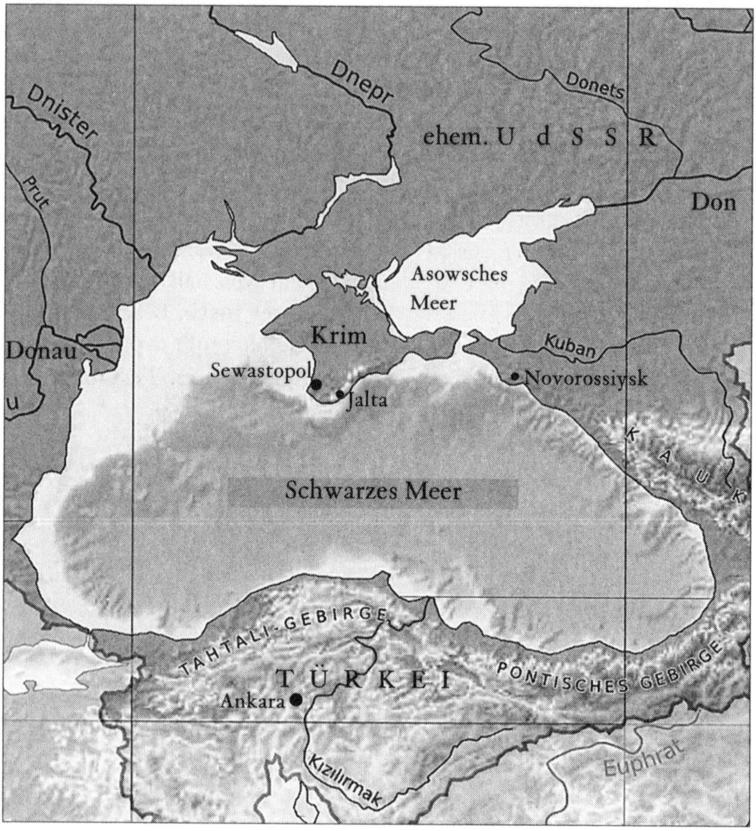

„Edenistan" in der heutigen Süd-Ukraine (vgl. a. S. 31).
(Quelle: CCM River and Catchment Database, European Commission)

ANHANG

DER KALENDER DER KINDER ADAMS

gemäß der Septuagintaversion des Alten Testaments

1 n. Adam = 5508 v. Chr. „Adam und Eva" müssen den Garten Eden verlassen. Laut Jubiläenbuch, (Qumran), werden sie in ihr Heimatland „Elda" zurückgebracht. (= Sri Lanka?). Das Sonnenjahr beginnt damals am 4. Juni. (Frühlingspunkt). Genetiker belegen für diesen Zeitraum eine letzte positive Mutation, die es Menschen ermöglicht, Rindermilch zu verwerten. Träger dieser Mutation stellen heute die Mehrheit der Weltbevölkerung. In allen frühen Hochkulturen galt das Rind als heilig. Zeitgleich läßt die Bosporusüberflutung fruchtbare Ebenen rund um die heutige Krimhalbinsel versinken. (Garten Eden?). Kurz zuvor steigt der globale Meeresspiegel sehr schnell um 6,5 Meter. ("SWR 1c")

231 n. A. = 5278 v. Chr. Der historische Adam zeugt seinen Stammhalter, den späteren Propheten Seth.

395 n. A. = 5114 v. Chr. Der spätere Prophet/Avatar Rama wird geboren.

436 n. A. = 5073 v. Chr. Seth zeugt den Enosh. 3 Jahre zuvor: Rama und Hanuman konstruieren eine Brücke, um Indien und Sri Lanka wieder zu verbinden. (Datierbare astronomische Angaben im Ramajana-Epos) Der Meeresspiegel steigt zu jener Zeit etwa auf das heutige Niveau.

~549 n. A = 4960 v. Chr. Mac Caulay-Insel Neuseeland: Vulkanausbruch ca. 100 km³ Auswurf. VEI 6–7 Klimaverschlechterung.

~614 n. A. = 4895 v. Chr. Mount Mazama (Oregon): Vulkanausbruch VEI 7 Klimakatastrophe? Gen. 4,26 über die Zeit des Enosch ben Seth: „*Damals begann man den Namen des Herrn anzurufen*".

931 n. A. = 4578 v. Chr. Adam stirbt „*im Lande Nod, östlich von Eden*" (nordwestlicher Iran?).

961 n. A. = 4548 v. Chr. Maha-Laleel ben Kenan ben Enosch zeugt den Jared.

~1000 n. A. = 4509 v. Chr. Herabkunft der 200 „Nefilim" (Wächter) „*in den Tagen Jareds*". Laut Henochbuch werden die Nefilim ihrem Auftrag, die junge Menschheit zu betreuen, untreu und zeugen mit den Menschentöchtern ein Geschlecht von Riesen (die „Gibborim" aus Gen. 6,4). Erbauung des ältesten Teils von Baalbek im Libanon?

1039 n. A. = 4470 v. Chr. beginnt astrologisch das Stierzeitalter. Zeitgleich entstehen im Südirak erste Siedlungen („Tell Ubaid-kultur" = Söhne Kains?).

1123 n. A. = 4386 v. Chr. Henoch ben Jared geboren. (Susa-I-Kultur? Diese beginnt laut C14-Datierungen ab 4395 v. Chr.)

~1209 n. A. = 4300 v. Chr. Kikai-Caldera Japan. VEI 7 ca. 150 km³ Auswurf. Klimakatastrophe. Ende der warmen Atlantikumepoche?

~1200 n. A. = 4309 v. Chr. Krieg der „Engel" Michael, Gabriel, Rafael, Uriel gegen die 200 Wächter (Nefilim) und ihre Söhne, die Gibborim. Der Gibbor Mahawai ben Barakel, (sumerisch: „Ea", „Enki"), verbündet sich mit Henoch und überlebt später die Sintflut. Die Wächter werden für Äonen in unterirdische Gefängnisse verbannt. Der Avatar (Prophet) Rama wird dem Ramayana-Epos zufolge Zeuge der „Götterschlacht".

1288 n. A. = 4221 v. Chr. Prophet Henoch zeugt den Methusalah.

1488 n. A. = 4021 v. Chr. Henoch wird von der Erde entrückt (Gen. 5,24). Methusalah wird sein Nachfolger als Prophetenkönig. Er regiert bis zur Sintflut und lebt vielleicht im iranischen Susa. Sein Sohn Lamech stirbt bereits vor

Methusalah und wird deshalb nicht König. Das ergibt 8 Patriarchen von Adam bis Methusalah entsprechend den 8 vorsintflutlichen Königen der sumerischen Königsliste. Der zufolge sind die ersten Städte Eridu, Nibiru (Nippur), Bat Tibira, Larsa, Larag, Zimbir (Sippar) und Schurupak („die Heilende"), die Stadt Ziusudras (Noahs), die von seinem Großvater Ubar-Tutu (Methusalah) gegründet worden sein soll. Die „Götter"-Stadt Nippur beherbergt nach der Flut das Heiligtum von Enkis Widersacher, dem gewalttätigen „Windgott" Enlil (einem der Nefilim, vgl. Gen. 6,3). Doch der „Gott" Enki („König der Erde") hatte den Ziusudra (Noah) vorgewarnt. Enlil zeugt zu Nippur mit der Menschentochter Ninlil (später „Lilith") den „Mondgott" Sin. Zur Strafe wird er von den anderen „Göttern" in die Unterwelt verbannt. (Laut Henochbuch verbannen Erzengel die Nephilim in Höhlen.)

1561 n. A. = 3950 v. Chr. Klimageschichte: Ende des warmen Atlantikums. Dauerhafte Austrocknung der Sahara. („5,9 Kilojahr-Event")

1643 n. A. = 3868 v. Chr. Methusalahs Sohn Lamech zeugt (in Schurupak?) den Propheten Noah (sumerisch: „Ziusudra", akkadisch: „Atrachasis", d. h. „der überaus Weise").

2243 n. Adam = 3266 v. Chr. Noahs Sintflut. Vermutlich ein Impakt im südwestlichen Indischen Ozean. („Burckle Crater"). Gleichaltrige Dünen in Madagaskar und Westaustralien gelten als Überreste des Megatsunamis. Die meisten „Gibborim" werden durch die Flut vernichtet.

2245 n. A. = 3264 v. Chr. Shem ben Noah zeugt 2 Jahre nach der Flut den Arpachschad.

2380 n. A. = 3129 v. Chr. Arpachschad ben Shem zeugt den Schelah. Nach der Flut werden etwa zeitgleich 3 Hochkulturen gegründet. Alle 3 Städte liegen zum Schutz vor Fluten weit über dem Meeresspiegel.

1. Ägypten. Osiris' Sohn Horus gründet ~ 3150 v. Chr. als erster Pharao die „0-te Dynastie". Misr, der biblische

Stammvater von Misraim (=Ägypten), hat einen bösen Bruder: Kanaan. Osiris hat einen bösen Bruder Seth, der ihn umbringt (→ Misr ben Cham Noah = Osiris). Osiris' Sohn Horus rächt seinen Vater und tötet Seth. Horus wird der erste Pharao der 0-ten Dynastie (~ 3150 v. Chr.). Sein Grab sollte sich in Theben befinden. Alle frühen Pharaonen führen ihm zu Ehren den Namen Horus.

2. Südirak/Yemen (Shem ben Noah und sein Sohn Arpachschad). Sem verläßt mit seinen Nachkommen geraume Zeit nach der Flut den Irak (Flucht vor dem tyrannischen Nimrod?), läßt sich im yemenitischen Hochland nieder und gründet die Stadt Sanaa. (Fundamente der „Zitadelle" von Sanaa deuten auf ähnliche Megalitharchitektur wie im frühen Ägypten.)
3. Harappa im Industal (Japhet ben Noah). („Raviphase" ~3200 v. Chr.)

2407 n. A. = 3102 v. Chr. Nach indischen Quellen stirbt der Avatar/Prophet Krischna im Alter von 125 Jahren. (Ist Krischna ein Enkel von Noah durch Japhet?) [1] Damit beginnt nach indischer Tradition das Eiserne Zeitalter, welches bis heute andauert. Zeitgleich beginnt nach ägyptischer Zeitrechnung 3100 v. Chr. die erste Sothisperiode. Wenig zuvor ereignete sich der in der Bagavadgita geschilderte Krieg. Krischna gründet für die Flüchtlinge dieses Krieges die Stadt Dwarka, die später im Meer versinkt.

1 Indische Astronomen rechneten alle astronomischen Angaben des Mahabarata nach. Demzufolge fand die Baghavadgitaschlacht 3067 v. Chr. statt. Ca. 40 Jahre in 5000 Jahren ist weniger als ein Prozent Fehler. Die von Krishna gegründete Stadt Dwarka wurde in einem Tsunami zerstört und konnte in den 1980ern wiederentdeckt werden. Gegenstände entsprechen der Harrappakultur. → Das Jadu-Volk des Mahabarata entspricht der Harrappakultur.

Die überlebenden Menschen und Gibborim bauen nach der Sintflut die Städte im Irak wieder auf. Cham wird von Noah zurück in die Heimat geschickt. [2] Er baut Babel (= Eridu) wieder auf. Erste Hauptstadt Sumers wird aber Kisch, wo der erste König nach der Flut („Etana der Hirte“ = Kusch ben Cham ben Noah), direkt auf Ziusudra (Noah) folgt. Etana macht eine Himmelsreise und baut bei den Ruinen von Bat Tibira zu Ehren des höchsten Gottes „Anu“ den Tempel „E-ana“, (d. h. „himmlisches Haus“). Etana (Kusch), stirbt nicht im Irak, sondern kehrt von einer Seereise nicht mehr zurück. (Das biblische Land „Kusch“, am Roten Meer, ist wahrscheinliches Ziel dieser Reise). Sein Sohn Enmerkar gründet, um den E-ana-Tempel herum, die Stadt Uruk, (var. „Unug“, bibl. „Erech“). Er ersetzt den Anu-Kult durch den Kult seiner Schwester, der „Göttin“ Innana (= Ischtar, Astarte, Uzza ...) und baut ihr einen Zikkurat. Enmerkar („Nimrod der Jäger“), Enkel des Utu (bibl. „Cham“), baut außerdem in Eridu (Gen. 11,4 „Bab-el“) den Zikkurat für Enki, jenen „Wächter“, der die Menschen vor der Sintflut warnte, und erfindet angeblich die Keilschrift. Dann erobert er die Stadt Aratta (Jiroft im Iran?) und zwingt deren Bewohner, Enkis Tempel in Eridu mit Edelsteinen zu verschönern. Nimrod I. stirbt offenbar ohne männlichen Erben. Sein General und Nachfolger Lugalbanda stammt jedenfalls nicht von ihm ab.

~2509 n. A. = 3000 v. Chr. Horus Aha (= Menes) von Oberägypten siegt gegen Unterägypten in der „Papyrusschlacht“ und wird erster „Pharao beider Ägypten“ und Gründer der 1. Dynastie. Etwa zeitgleich entsteht in Peru die älteste Stadt Amerikas: Caral.

2 Siehe Amina Adil, *Die Propheten, Erster Band. Von Adam bis Jesus*, Lympia ²2010, S. 105. (Aus alten orientalischen Quellen).

2510 n. A. = 2999 v. Chr. Schelah zeugt Heber, den Namensgeber der Hebräer. (Hebräer sind nicht nur Juden, sondern alle Abrahamiten sowie die Aramäer, Yemeniten und Phönizier.)Etwa zeitgleich verstärkt der Gibbor Gilgamis/ Bilgamis, Sohn des Lugalbanda die schon vorhandene Stadtmauer von Uruk mit gebrannten Ziegeln. Er besucht später in Indien den „überaus weisen Ziusudra" (Noah des „Gilgameschepos").

2593 n. A. = 2916 v. Chr. stirbt Noah. „Heber, Sohn des Schelah, des Arpachschad des Sem" ist nach yemenitischen Quellen der koranische Prophet Hud. Sein Sohn Joktan wird nach ihm König im Jemen. Heber ist bei Noahs Tod 84 Jahre alt.

2644 n. A. = 2865 v. Chr. Heber zeugt Peleg.

2745 n. A. = 2764 v. Chr. stirbt Sem ben Noah (mglw. der koranische Prophet „Dhu l-Qarnain").

2774 n. A. = 2735 v. Chr. Peleg zeugt Regau (mglw. Ṣāliḥ der koranische Prophet, dessen Mission mit der Vernichtung seines Volkes endet).

2906 n. A. = 2603 v. Chr. Regau zeugt Serug.

2912 n. A. = 2597 v. Chr. stirbt Heber im Jemen. Regau ist 140 Jahre alt. Laut Jubiläenbuch wandert Regau aus dem Yemen nach Ur in Chaldäa (das heutige Sanli Urfa). Sein Sohn Serug heiratet die Tochter des Stadtgründers Ur. Das biblische Ur wurde laut Jubiläenbuch unter dem Namen „Ara" von Ur ben Kesed (Urahn der bibl. „Kassiter"?) gegründet.

3113 n. A. = 2396 v. Chr. Regau stirbt in Ur-Ara noch vor Geburt seines Urenkels Tarah ben Nahor. Die prophetische Tradition reißt ab.

3185 n. A. = 2324 v. Chr. = Abram ben Tarah ben Nahor wird in Ur-hay (Urfa) im Lande Akkad geboren. „Abrahams" Zeitgenosse Sargon I. von Akkad gründet das erste Großreich der bekannten Geschichte. Er läßt sich göttlich verehren und entspricht dem Nimrud der islamischen Tradition. Dem biblischen „Nemrod dem Jäger“ entspricht der Sumererkönig Enmerkar (kar = Jäger!)

3199 n. A. = 2310 v. Chr. beginnt astrologisch das Widderzeitalter. Zeitgleich (Präzisionsdatierung von 2008) entsteht die Blausteinanlage von Stonehenge. Sargon I. gründet seine neue Hauptstadt Agade („Akkad“) im nördlichen Irak.

3214 n. A. = 2295 v. Chr. Sargon I. (Nimrod II.) stirbt. Abram ist 29 Jahre alt und bereits aus Ur (jetzt Urfa) nach Haran ausgewandert.

3260 n. A. = 2249 v. Chr. Mit 75 Jahren verläßt Abram Haran und wird auf Gottes Befehl Nomade. Nach Klimadaten beginnt ein Jahr zuvor eine 150 Jahre anhaltende Dürre, der „4,2 Kilojahr-Event“.
„Als über das Land eine Hungersnot kam, zog Abram nach Ägypten.“ Pharao ist der Enkel von Pepi II., der 2260 v. Chr. nach 90 Regierungsjahren mit etwa 100 Jahren starb (C-14-datiert!). Neitiqerty regiert nur wenige Jahre, und mit ihm scheint die 6. Dynastie zu enden. Abram besucht Ägypten mit über 75 Jahren. Sarai muß zu dieser Zeit ~ 65 Jahre alt sein (Gen. 17,17). Ägypten versinkt allmählich im Chaos.

3271 n. A. = 2238 v. Chr. Mit 86 Jahren zeugt Abram mit der ihm vom Pharao geschenkten Hagar seinen Erstgeborenen Ismael. (Laut Talmud ist Hagar eine Tochter des Pharao). Unmittelbar darauf empfängt er von Gott die Verheißung für seine Nachkommen. (Gen. 17,4ff)
Den Archäologen zufolge beginnt im Nahen Osten die Bronzezeit.

3284 n. A. = 2225 v. Chr. Mit 99 Jahren zeugt Abraham mit der inzwischen 87-jährigen Sarai den Isaak. Etwa zeitgleich, d. h.,

3285 n. A. = 2224 v. Chr. werden Sodom, Gomorrha und die anderen Städte des Siddimtals durch eine lokale Naturkatastrophe vernichtet. Abrahams Neffe Lot wird von

„Engeln“ gerettet. In Ägypten endet das Alte Reich und beginnt die Erste Zwischenzeit. (~ 2230 v. Chr. nach Thomas Schneider.) [3]

3344 n. A. = 2165 v. Chr. Mit 60 Jahren zeugt Isaak mit Rebekka die Zwillinge Esau und Jakob.

3360 n. A. = 2149 v. Chr. Mit 175 Jahren stirbt Abraham und wird von Ismael und Isaak in der Höhle des Hethiters Efron im heutigen Hebron beigesetzt.

3408 n. A. = 2101 v. Chr. stirbt Ismael mit 137 Jahren. Isaak ist 124 Jahre alt, Esau und Jakob 63 Jahre. Die Geburtsdaten von Jakobs Söhnen sind nicht überliefert. Esau zeugt mit Ismaels Tochter Basemat den Reguel, laut LXX der Großvater des Propheten Hiob. Die Dürreperiode nach dem 4,2 Kilojahr-Event geht nun zu Ende.

3435 n. A. = 2074 v. Chr. Geburt von Jakobs Sohn Josef. 17 Jahre später, d. h. 2057 v. Chr., wird er nach Ägypten verkauft.

3465 n. A. = 2044 v. Chr. stirbt Isaak mit 180 Jahren und wird von Esau und Jakob (beide 120) in Hebron begraben. Etwa zu dieser Zeit träumt Pharao Mentuhotep II. von 7 fetten und 7 mageren Kühen. Joseph kann den Traum erklären und wird Minister des Pharao. Josef ist 30 Jahre alt (→ geboren 2074 v. Chr.) .

Ab 2037 v. Chr. beginnen die 7 mageren Jahre. Josefs Brüder kaufen Brot in Ägypten. In China kämpft zeitgleich Kaiser Yao, der Begründer der ältesten belegbaren Dynastie gegen 10 Jahre andauernde Regen- und Flutkatastrophen (Megaeruption im pazifischen Feuerring?).

3474 n. A. = 2035 v. Chr. Jakob geht mit allen Angehörigen zu Josef nach Ägypten (Land „Goschen“, östlich des Nildeltas). Josef ist 39, Jakob bereits 130 Jahre alt. Laut Archäologie beendet Pharao Mentuhotep II. um 2030 v. Chr. die Erste Zwischenperiode und gründet das Mittlere

3 *Spektr. d. Wiss.*, 12/2011.

Reich, welches bis ca. 1665 v. Chr. besteht. Sein General und Bevollmächtigter heißt An-jotef, d. h. „der Große, der seinen Vater mitbringt"! (Anjotef = Josef).

3491 n. A. = 2018 v. Chr. Jakob stirbt nach 17 Jahren in Ägypten im Alter von 147 Jahren. Er wird, wie später auch Josef, einbalsamiert und 450 Jahre später durch Josua in Hebron bestattet.

3511 n. A. = 1998 v. Chr. Nach „Pharaos" Sohn Mentuhotep III. (ab 2010) wird Josef selbst Pharao und begründet die 12. Dynastie von Theben (Amenemhet I.). Er wählt den passenden Thronnamen „der das Land neu erschafft." Er verlegt die Hauptstadt ins Fajjum und läßt dort seine Pyramide errichten. 2008 wurde dort das gigantische „Labyrinth" wiederentdeckt (laut Strabo der einstige Regierungssitz Ägyptens).

3544 n. A. = 1965 v. Chr. Joseph stirbt mit 110 Jahren, nach 33 Regierungsjahren. Anjotefs Grab auf der Insel Elefantine enthält einen leeren undekorierten Sarkophag und gut erhaltene Fresken. Josefs Sohn (mit der Ägypterin „Asenat"), (Menasse?) wird als Sesostris I. Pharao. In der Zeit Josefs und seiner Nachkommen wird Theben, die Stadt von Noahs Enkel Misr (Osiris) erneut Hauptstadt Ägyptens. Erst nach Ende des Mittleren Reichs wählen die kanaanitischen Hyksos wieder das Nildelta zur Residenz. Das laut Ägyptologie „goldene Zeitalter" der 12. Dynastie endet 1786 v. Chr. mit einer Pharaonin. Dann beginnt die glanzlose Zweite Zwischenzeit (13. Dynastie von Theben bis 1668 v. Chr., parallel dazu 14. Dynastie von Xois bis 1665 v. Chr.). Der Norden wird jetzt von den Hyksos erobert.

~ 3559 n. A. = 1940 v. Chr. Jobab ben Serah ben Reguel ben Esau ist (nach Gen. 36,33 LXX) der Prophet Job. „Hiob", der König von Edom ist, gilt traditionell als Vorfahre der Griechen (vgl. „Testament Hiobs").

3824 n. A. = 1685 v. Chr. wird Mose geboren. Die Israeliten sind seit einiger Zeit versklavt. In der Hauptstadt Pi-

Ramesse bedeckt man den Boden des Thronsaals mit Goldstaub, während die Bevölkerung hungert.
Der Pharao (14. Dynastie, unsichere dynastische Abfolge) läßt alle israelitischen Knaben töten, adoptiert aber den Mose. Jahrzehnte später regieren dann kanaanitische Hyksos in Unterägypten (15. + 16. Dynastie). Oberägypten bleibt jedoch unabhängig (17. Dynastie von Theben).

~3864 n. A. = 1645 v. Chr. Prinz Mose erschlägt einen Ägypter und muß dann in die Wüste fliehen. Knapp 40 Jahre verbringt er im Ausland und heiratet u. a. die Tochter des midianitischen Propheten Jethro („Schuaib" im Koran). Dann wird er als Prophet zu einem der Hyksos Pharaonen geschickt (vermutl. der Vorgänger von Auserre, genannt „Apophis" nach dem ägyptischen Teufel).

3904 n. A. = 1605 v. Chr. = Exodus der 12 Stämme Israels. (zeitgleich Santorinkatastrophe Megaeruption + Megatsunami).
Kurz nach der Santorinkatastrophe gründen die Hethiter um 1600 v. Chr. ihr erstes Großreich. Während die Israeliten in der Wüste sind, schlagen die Hethiter die Völker Kanaans und bereiten so die Landnahme der Israeliten vor. Die gleichfalls indogermanischen „Mykener", die sich selbst Achijawa nennen, gründen nach 1600 v. Chr. überall in Griechenland Stadtstaaten. Ihre Kultur leitet sich von der minoischen Kultur ab. (In der Bibel sind Mykener = Jawan; Minoer = Kaftorim). In China löst Tang, der Begründer der Shang-Dynastie, ~1600 v. Chr. die Xia-Dynastie ab. In Deutschland wird ~1600 + (wegen Mißernten in Folge der Megaeruption?) die Himmelsscheibe von Nebra rituell bestattet.

3907 n. A. = 1602 v. Chr. Offenbarung der Torah auf dem Berg Sinai. Moses Bruder Aaron und seine Nachkommen werden zu Priestern bestimmt. Danach 40 Jahre Wüstenwanderung, bis in den Hedschas. (El Paran = Berg Hira; Beer Saba = Bakka, das spätere Mekka).

3944 n. A. = 1565 v. Chr. Moses stirbt. Landnahme durch die 12 Stämme Israel. Prophet Josua zerstört die Mauern von Jericho. Wenige Jahre später besiegt Pharao Ahmose I. die letzten Hyksos (Amalekiter, Hurriter?) und gründet das Neue Reich, welches etwa 500 Jahre bestehen wird.

3869 n. A. = 1540 v. Chr. Josua stirbt im Alter von 110 Jahren. Es beginnt die 400 Jahre währende Periode der Richter.

~4321 n. A. = 1188 v. Chr. Eroberung der hethitischen Stadt Troja, durch die „Mykener“ (Achäer). Die Sonnenfinsternis bei Odysseus’ Rückkehr 10 Jahre später am 16. 4. 1178 v. Chr. wurde im Jahre 2008 unabhängig bestätigt.

4322 n. A. = 1187–86 v. Chr. Supereruption am Golf von Neapel verursacht Verheerungen in der ganzen Mittelmeerregion. Teile Italiens unbewohnbar. Zerstörung des Hethiterreichs, (~1200 v. Chr.), wahrscheinlich durch dieselbe Ursache. Danach Völkerwanderung: „Seevölker“ erobern die zerstörten Gebiete. Die Trojaner Diomedes und Äneas landen in Italien. Ägypten: 1187 Ende der 19., aber erst 1185 v. Chr. Anfang der 20. Dynastie! Zeitgleich beginnt in Mexico die älteste dort faßbare Hochkultur, die der „Olmeken“.

4340 n. A. = 1169 v. Chr. Palästina: Die Bundeslade wird entführt, bringt den Philistern aber nur Erdbeben, Seuche und Tod. Der Richter Eli stirbt. Prophet und letzter Richter wird der Ephraimit Samuel.

4360 n. A. = 1149 v. Chr. Prophet Samuel salbt den Benjaminiten Saul zum ersten König von Israel. Wenig später: David erschlägt in der Schlacht den Philister Goliath. Saul stürzt sich nach 20 Jahren Königtum in sein Schwert. Es folgt, bereits früher von Samuel gesalbt:

4380 n. A. = 1129 v. Chr. David vom Stamme Judah, der 7 Jahre in Hebron regiert und dann 33 Jahre in Jerusalem über ganz Israel. Gat folgt als Prophet auf Samuel. Laut Archäologie: Beginn der Eisenzeit (Koran 21,80: „Und wir machten dem David das Eisen gefügig“).

4387 n. A. = 1122 v. Chr. David erobert Jerusalem und baut dort seinen Palast. Prophet ist nun Natan. Später, ca. 500 Jahre nach Exodus und Torahoffenbarung: David werden 72 Psalmen offenbart.

4419 n. A. = 1089 v. Chr. David stirbt, und Salomo wird sein Nachfolger.

4423 n. A. = 1085 v. Chr. König Salomo beginnt im 4. Jahr nach Davids Tod mit dem Tempelbau. Bauleiter ist Davids Freund, der Phönizier Hiram, König von Tyros („Lokman al-Hakim“ im Koran). Nach 7 Jahren Bauzeit wird der Tempel 1078 v. Chr. eingeweiht.

4439 n. A. = 1070 v. Chr. endet in Ägypten das Neue Reich. Mit der 21. Dynastie beginnt laut Archäologie die „Spätzeit“.

4460 n. A. = 1049 v. Chr. stirbt König Salomo nach 40 Regierungsjahren.

Sein Sohn Rehabeam bleibt König des Südreichs. Das Nordreich spaltet sich ab und krönt den mit Ägypten verbündeten Jerobeam zum König. Propheten sind Ahija von Schilo und für das Südreich Schemaja. Zeitgleich wird in China die Schang- durch die Zhou-Dynastie abgelöst.

4465 n. A. = 1044 v. Chr. Der Ägypter Schischak erobert kurzzeitig Rehabeams Reich Judah. Er raubt einen Großteil von Salomos Tempelschatz. Prophet im Nordreich wird Jehu ben Hanani.

4522 n. A. = 987 v. Chr. Auftreten des Propheten Eliah. Ahab und Gattin Isebel sind seit 988 Könige des zum Polytheismus zurückgekehrten Nordreichs „Israel“. Jahrelange Dürreperioden. Ahab stirbt 965 v. Chr.

4544 n. A = 965 v. Chr. Eliahs Schüler Elischa ben Schafat wird Prophet in Israel. 7-jährige Dürre. Die Stele des Moabiterkönigs Mescha mit der ersten längeren althebräischen Inschrift stammt aus dieser Zeit.

Die Tell Dan-Inschrift mit der ältesten Erwähnung des Hauses David stammt von 954 v. Chr., denn sie verkündet die Ermordung König Ahasjas von Judah, der nur 1 Jahr König war, zusammen mit Ahabs Sohn Joram, durch Jehu. (2Kön. 9).

~4599 n. A. = 910 v. Chr. Elischa stirbt und hinterläßt auf dem Gebirge Karmel eine Gemeinde von Schülern. Vor 894 v. Chr. wirkt Prophet Jonah ben Amittai aus Galiläa, hauptsächlich zu Ninive, der Hauptstadt Assyriens. (2Kön. 14,25). In Israel wirkt kurz vor einem verheerenden Erdbeben der Prophet Amos und ab 819 v. Chr. Hosea ben Beeri über einen Zeitraum von mindestens 79 Jahren! (Hos. 1,1). Ab ca. 745 v. Chr. wirkt im Nordreich der Prophet Micha. Obadja, Joel ben Petuel und Jesaja ben Amos wirken zeitgleich als Propheten im Südreich.

4756 n. A. = 753 v. Chr. Offizielles Gründungsdatum der Stadt Rom. Bereits zuvor existierte eine Siedlung auf der Tiberinsel, die der Legende nach auf den trojanischen Flüchtling Äneas zurückgehen soll. Um diese Zeit schreibt Homer seine Epen Ilias und Odyssee.

4790 n. A. = 727 v. Chr. Nach einer Erdbebenkatastrophe wird Hiskijah König in Judah. Prophet Jesaiah ist von Anfang an Hiskijahs Ratgeber. Er wird um 698 v. Chr. abgelöst durch den Propheten Nahum.

4786 n. A. = 723 v. Chr. Die Assyrer vernichten das Nordreich von Israel. Exil der zehn Nordstämme nach Assyrien. Später gelangen sie bis nach Khorasan und Afghanistan. Prophet Micha emigriert ins Reich Judah.

4789 n. A. = 720 v. Chr. Ungefähre Lebenszeit des persischen Religionsstifters Zardoscht („Zarathustra"). [4]

4808 n. A. = 701 v. Chr. Hiskijah baut den Siloahtunnel zur Wasserversorgung Jerusalems (ältestes exakt datiertes Ereignis der Bibel).

4 Manichäisches Gigantenbuch (LXX-Chronologie) Fragment M29: "3280 years passed between the time of Enoch and the time of King Vishtasp, who ruled at the time of the Prophet Zoroaster ..."

4822 n. A. = 687 v. Chr. Die Armee des Assyrerkönigs Sanherib wird in der Nacht des 23. März [5] durch ein kosmisches Ereignis vernichtet.
In Frage käme eine erdnahe Supernova, evtl. „Vela junior" in < 815 Lj. Entfernung oder ein Gammastrahlenausbruch innerhalb der Milchstraße.

4879 n. A. = 630 v. Chr. König Joschijah findet ein Gesetzbuch im Tempel und reformiert danach die Religion. Sein Helfer ist der Prophet Zefanjah. Nach ihm wird Habakuk Prophet im Reiche Judah.

4922 n. A. = 587 v. Chr. Nabukodnossor erobert Jerusalem, zerstört den Tempel ca. 500 Jahre nach dessen Erbauung und deportiert die Elite der Juden nach Babylon. Prophet Jeremiah versteckt die Bundeslade.
Im babylonischen Exil wirkt ab 582 v. Chr. unter den Juden der Prophet Hesekiel ben Busi und für die Babylonier und Perser der Prophet Daniel.

Ab 4972 n. A. = 537 v. Chr. 50 Jahre nach der Verschleppung bauen erste Rückkehrer Jerusalem wieder auf. Der Davidide Serub-babel wird Statthalter, aber nicht König.

4992 n. A. = 517 v. Chr. Ende des 70-jährigen Exils. Bereits 520 v. Chr. beginnt der Tempelbau unter den Propheten Haggai und Zecharjah.

4993 n. A. = 516 v. Chr. Weihe des zweiten Tempels. Wenig später stirbt mit Zecharjah ben Berechiah der letzte der alten Propheten. (Über den evtl. späteren „Maleachi" gibt es keine biographischen Informationen).

5 S. auch Immanuel Velikovsky: *Welten im Zusammenstoß* (amerik. Originalausg. 1950), Döbeln [2]2005, Teil 2 Kap. 2. Nach Untersuchungen mit dem HESS-Partikelteleskop von 2016 explodierte Vela Junior zwischen 1300 v. Chr. und 300 n. Chr. als Supernova. Mittelwert = 800 v. Chr.

5023 n. A. = 486 v. Chr. stirbt in Indien Gautama „der Buddha". Etwa zeitgleich stirbt auch der Stifter der Jainareligion „Mahavira."

5042 n. A. = 467 v. Chr. ereignet sich ein vielfacher Impakt im heutigen Chiemgau, der die Region nordöstlich des Chiemsees verwüstet und die damalige keltische Kultur für immer verändert. („Möge uns der Himmel nicht auf den Kopf fallen"). Plutarch erwähnt das Ereignis mit Datum 467 v. Chr. Die Kelten werden kriegerisch. Sie schmieden aus dem Meteoreisen des Impakts exzellente Schwerter („Ferrum Noricum").

5052 n. A = 457 v. Chr. Ezra der Schriftgelehrte („Uzair" im Koran) kommt im ersten Jubiläum der Tempelweihe aus Babylon nach Jerusalem. Ezra ist, nach jüdischer Tradition, Autor der Chronikbücher und Begründer des Sanhedrins der Gelehrten.

5021 n. A. = 426 v. Chr. Extreme Eruption in Äquatornähe. Seither keine stärkere vulkanische Verdunklung mehr. Klima: Beginn des kühleren Subatlantikums.

5110 n. A. = 399 v. Chr. Der Philosophenfürst Sokrates wird mit 70 Jahren wegen Beleidigung der Götter hingerichtet. Er gilt christlichen wie islamischen Gelehrten als möglicher Prophet.

5188 n. A. = 321 v. Chr. Alexander der Große besiegt die Ägypter und anschließend die Perser, womit deren Weltmachtstellung endet. Es ist das Jahr 1 der antiken Zeitrechnung nach Alexander.

Im selben Jahr gründet Chandragupta in Indien die Morija-Dynastie. Sein Enkel Aschoka vereinigt in blutigen Kriegen den indischen Subkontinent. Danach wird er Buddhist und macht den Buddhismus zur Staatsreligion.

5295 n. A = 214 v. Chr. Der erste Kaiser und Begründer der Chin-Dynastie vereinigt die sieben Königreiche und baut eine erste chinesische Mauer. Die Terrakottaarmee ist Teil seines gigantischen Grabes.

5308 n. A. = 201 v. Chr. Die römische Republik siegt im 2. Punischen Krieg über Karthago und wird zur Großmacht im Mittelmeerraum.

5350 n. A. = 159 v. Chr. Die Makkabäer befreien mit römischer Unterstützung Palästina von der seleukidischen Fremdherrschaft. Jonathan Makkabaios vereinigt als erster weltliche Herrschaft mit dem Hohepriesteramt (entgegen dem mosaischen Gesetz!).

5359 n. A. = 150 v. Chr. beginnt astrologisch das Fischezeitalter.

5462 n. A. = 47 v. Chr. Beginn des römischen Imperiums (Julius Cäsar) .

5465 n. A. = 44 v. Chr. Ermordung Julius Cäsars (1. römischer Kaiser). „Fast 1 Jahr ununterbrochene Finsternis." (Plinius). Ständige Erdbeben (Vergil). (Supereruption im pazifischen Feuerring?).

5489 n. A. = 20 v. Chr. Nach 500 Jahren läßt Herodes den 2. Tempel erneuern. (vgl. Joh 2,20)

5501 n. A. = 8 v. Chr. Der Priester Zachariah wird Prophet. Er zeugt mit seiner Frau Elischaba Johannes den Täufer. Mariam, die Tochter Joachims und Hannahs (Koran: „Imran") ist ~15 Jahre alt und wächst bei Zachariah im Tempel auf. Auch sie wird schwanger.

5502 n. A. = 7 v. Chr. Prophet Johannan ben Zachariyah und 6 Monate später Jeschua (Jesus) werden geboren. (Jesus evtl. erst Anfang 6 v. Chr.).

5509 n. A. = 1 n. Chr. (Auf 1 v. Chr. folgt 1 n. Chr. Die „0" existiert nicht).

5535 n. A. = 27 n. Chr. Jesus beginnt seine messianische Mission.

5538 n. A. Wahrscheinlich am 3. April 30 n. Chr. Die Priester um Kaiphas und Hannas lassen eine Person kreuzigen. Es soll sich um Jesus handeln. 31 n. Chr. Ein schweres Erdbeben verwüstet Palästina.

5578 n. A. = 70 n. Chr. 40 Jahre nach der Kreuzigung zerstört Titus Tempel und Stadt Jerusalem.

5600 n. A. = 92 n. Chr. Der Apostel Johannes empfängt eine Vision, die er in der Apokalypse niederschreibt.

5644 n. A. = 135 n. Chr. Nach dem bar Kochba-Aufstand werden alle Juden und Judenchristen aus Palästina verbannt.

5689 n. A. = 181 n. Chr. Eine Megaeruption in Neuseeland (Tauposee VEI 7 ca. 150 km^3) löst eine Klimakatastrophe aus. Viele Christen erwarten die Endzeitereignisse, werden jedoch enttäuscht. Die Glanzzeit des Imperiums geht zu Ende. 4 Jahre später: Helle Supernova im Sternbild Centaurus. Distanz ~8000 Lichtjahre.

5700 n. A. = 192 n. Chr. Kaiser Commodus, der sich zum Tyrannen entwickelt hat und die Christen verfolgen läßt, wird ermordet. Es beginnt die Ära der Soldatenkaiser.

5774 n.A. = 266 n. Chr. Bislang ungeklärter Klimaevent.

5800 n. A. = 292 n. Chr. Diokletian usurpiert den Kaiserthron. (Jahr 1 der Zeitrechnung nach Diokletian)

5810 n. A. = 302 n. Chr. Kaiser Diokletian befiehlt die reichsweite Ausrottung aller Christen, insbesondere der Bischöfe und Gelehrten. Die mündliche Tradition von Meister zu Schüler reißt vielfach ab.

5900 n. A. = 392 n. Chr. Theodosius I. verbietet alle heidnischen Kulte. Die Reichskirche wird Staatsreligion im gesamten Römischen Reich.

6000 n. A. = 492 n. Chr. Ende des Weströmischen Reichs und Gründung des Frankenreiches durch den Merowinger Chlodwig. Gleichzeitig tritt auch der Ostgote Theoderich zu Ravenna in die Fußstapfen der Imperatoren. In den folgenden Jahrzehnten verheert eine Serie von Naturkatastrophen die gesamte Mittelmeerwelt.

6043 n. A. = 535 n. Chr. Supereruption in Südostasien (Proto-Krakatau?). Globaler vulkanischer Winter. Mißernten, Seuchen im Römerreich.

6048 n. A. = 540 n. Chr. Ilopango (El Salvador) Supereruption VEI 7. Endgültiges Ende der Antike. Europa versinkt im finsteren Mittelalter.

6082 n. A. = 574 n. Chr. Noch nicht lokalisierte Eruption VEI 6–7.

6100 n. A. = 592 n. Chr. Papst Gregor der Große reformiert die Römische Kirche nach den Prinzipien des heiligen Benedikt von Nursia.

6118 n. A. = 610 n. Chr. Genau 600 Mondjahre nach Ende der Mission von Messias Jesus wird dem Propheten Muhammed der Koran offenbart.

6130 n. A. = 622 n. Chr. = 1 A. H. [6] Mit der Auswanderung des Propheten aus Mekka (bibl. „Bakka") beginnt die islamische Zeitrechnung, die in Mondjahren zu 354 Tagen rechnet).

6135 n. A. = 627 n. Chr. In der Schlacht von Ninive schwächen sich Byzanz und Persien gegenseitig. Ein zeitgleiches vulkanisches Großeeignis sorgt für Mißernten.

6140 n. A. = 632 n. Chr. Prophet Mohammed stirbt in Yathrib (Medina).

6150 n. A. = 642 n. Chr. Kalif Omar nimmt Jerusalem kampflos in Besitz. Damit beginnt im Nahen Osten eine 400-jährige Phase friedlicher Koexistenz der 3 abrahamitischen Religionen.

6190 n. A. = 682 n. Chr. Noch nicht lokalisierte Eruption VEI 6–7.

6200 n. A. = 692 n. Chr. Nach der Eroberung Mekkas durch Hajjaj wird der Prophetenjünger und Kalif Abdullah ibn Zubair enthauptet. Damit beginnt endgültig die Tyrannei der Omayyaden. Ein Konzil in Konstantinopel verfügt die Beseitigung aller Bilder aus den Kirchen (Ikonoklasie).

6282 n. A. = 774 n. Chr. Massive Sonneneruption. Carbon14 sowie Be10-Werte sind stark erhöht.

6301 n. A. = 793 n. Chr. Mit dem Überfall auf Kloster Lindisfarne beginnt die Periode der Wikingerraubzüge.

6 „anno hegirae", Jahr der Hidschra.

König Karl der Große läßt sein Gesetzeswerk „Lex salica" in Kraft treten. Bagdad wird unter Kalif Harun al Raschid zur Hauptstadt der Welt.

6335 n. A. = 827 n. Chr. Sehr helle und somit recht nahe Supernovaexplosion. Das Reich Karls des Großen zerfällt in 3 Teile.

6400 n. A. = 892 n. Chr. Die Araber erobern Kreta und Sizilien und beherrschen jetzt den Großteil des Mittelmeers.

6477 n. A. = 969 n. Chr. Baekluein Mountain (Oregon), Supereruption ca. 100 km³ VEI 6–7. Weltweite Abkühlung.

6500 n. A. = 992 n. Chr. Mitte des „Sabbatjahrtausends". Europa: Endzeitstimmung. Kaiser Otto III. pilgert barfuß zum Gargano nach Apulien. Venedig erklärt sich zur von Ostrom unabhängigen Republik.

6502 n. A. = 994 n. Chr. Massive Sonneneruption. Carbon14 sowie Be10-Werte sind stark erhöht. In Europa: Endzeitstimmung. In Amerika: Völkerwanderung.

6514 n. A. = 1006 n. Chr. (Ab 1. Mai) Helle Supernova Ia im Sternbild Wolf, ~7000 Lichtjahre entfernt. Nach dem Augenzeugen Ali ibn Ridhwan 3x heller als Venus. In Mitteleuropa unsichtbar. Aufstände in der arabischen Welt.

6562 n. A. = 1054 n. Chr. Helle Supernova Typ II im Krebsnebel, ~5000 Lichtjahre entfernt. Katholische und Orthodoxe Kirche spalten sich endgültig.

6600 n. A. = 1092 n. Chr. Kurz nach der Ermordung seines genialen Großwesirs Nizam al-Mulk durch die Sekte der Assassinen stirbt auch der Seldschukenkönig Malik Schah. Das entstehende Machtvakuum ermöglicht den ersten Kreuzzug.

6700 n. A. = 1192 n. Chr. wählen die Mongolen Dschengis Khan zu ihrem Anführer. Die Mongolen ändern u. a. durch die Eroberung Bagdads in den folgenden Generationen den Verlauf der Geschichte.

Zeitgleich siegt Mahmud von Ghor in der Schlacht von Tarain. Nordindien wird von nun an islamisch regiert. Sultan Saladin schließt mit den Kreuzfahrern unter Richard Löwenherz einen Waffenstillstand.

6712 n. A. = 1204 n. Chr. Eroberung Konstantinopels durch Kreuzfahrer. Es ist das Jahr 601 des islamischen Kalenders.

6748 n. A. = 1230 n. Chr. Supereruption vergleichbar mit Tambora 1815. Mißernten.

6765 n. A. = 1257 n. Chr. Lombok (Indonesien) Supereruption VEI 7+ 200–800 km³. Folge: Mongolen erobern Bagdad und vernichten die Abbasiden-Dynastie. Europa: „die schreckliche Zeit des Interregnums". Die Staufer-Dynastie verliert Italien und wird anschließend ausgerottet. Die Päpste gewinnen die Vorherrschaft. Die Renaissance wird um ca. 200 Jahre verzögert.

6800 n. A. = 1292 n. Chr. Die kaukasischen Mameluken unter Chalil beenden mit der Eroberung der letzten Kreuzfahrerburgen die Zeit der Kreuzzüge. Die Schweizer gründen eine Eidgenossenschaft.

6900 n. A. = 1392 n. Chr. Timur Lenk besiegt die Goldene Horde der Nachfahren Dschengis Khans. Der osmanische Sultan Beyazid Yildirim erobert ganz Anatolien. Das Oströmische Reich wird auf den Umkreis von Konstantinopel reduziert.

6960 n. A. = 1452–53 n. Chr. Nach Eisbohrkernen: Eruption VEI 6 mit 36–96 km³ Auswurf. Kleine Eiszeit? Sultan Mehmed Fatih erobert Konstantinopel und beendet damit 3 x 500 Jahre nach Julius Cäsar das römische Imperium (Cäsar regierte als 1. Kaiser von 47–44 v. Chr.).

7000 n. A. = 1492 n. Chr. Das Jahr der Vertreibung aller Nichtchristen aus Spanien sowie der Entdeckung einer „Neuen Welt" durch Columbus (12.10.1492). Die offizielle Geschichtsschreibung wertet dieses Jahr als das Ende des Mittelalters und den Beginn einer neuen Ära, die bis in die Gegenwart reicht: der Neuzeit.

7048 n. A = 1540 n. Chr. In Europa extremste Dürre des letzten Jahrtausends.

7050 n. A. = 1542 n. Chr. Der Franziskaner Franz Xavier gründet mit Goa die erste europäische Kolonie in Indien.

4. Nov. 1572 Supernova Typ Ia in der Cassiopeia ~ 8000 Lichtjahre entfernt. Laut Tycho Brahe bei Tag sichtbar.

7100 n. A. = 1592 n. Chr. Beginn des Zeitalters der Vernunft (Früh-Barock). Die Kosaken beginnen mit der Eroberung Sibiriens. Kurz darauf erleiden die Osmanen bei Sissek eine verheerende Niederlage. Es ist der Wendepunkt der islamischen Expansion. Im islamischen Kalender ist 1593 das Jahr 1001 der Auswanderung.

9. Okt. 1604 „Keplersche" Supernova Ia im Schlangenträger, ~14000 Lichtjahre entfernt.

7150 n. A. = 1642 n. Chr. Richelieu und Louis XIII. sterben, und der unselige Louis XIV. kommt an die Macht.

7199 n. A. = 1691 n. Chr. (August): Der große Türkenkrieg endet mit der Niederlage Sultan Achmeds II. gegen Louis von Baden. Beginn des langsamen Niedergang des Osmanischen Reiches.

7250 n. A. = 1742 n. Chr. Nach dem 1. Schlesischen Krieg steigt Preußen zur Großmacht auf.

7291 n. A. = 1783 n. Chr. Der Ausbruch des Laki auf Island führt in Europa zu Mißernten und Abkühlung. In der Folge kommt es vor allem in Frankreich zu vorrevolutionären Aufständen.

7300 n. A. = 1792 n. Chr. wird der französische König Louis XVI. hingerichtet; der eigentliche Höhepunkt der Französischen Revolution.

7320 n. A. = 1812 n. Chr. Zwei Eruptionen in Südostasien und der Karibik (+ 1813 in Japan). → Napoleons Rußlandfeldzug scheitert an extremer Kälte und Versorgungsengpässen.

7323 n. A. = 1815 Tambora (Indonesien), 10. April: Supereruption. ~150 km³ Auswurf VEI 7 verursachte 1816 das „Jahr ohne Sommer". Letzte existentielle Ernährungskrise in Europa. Napoleon scheitert in Waterloo. Seither kein vergleichbares Vulkanereignis.

7350 n. A. = 1842 n. Chr. Im Frieden von Nanking muß China den Briten seine Märkte öffnen und wird de facto zur Kolonie. Das Chinesische Reich erlebt seine schwächste Periode seit Jahrtausenden.

7387 n. A. = 1869 – 70 n. Chr. Jüngste bekannte Supernova in der Milchstraße. Blieb damals unentdeckt, weil visuell verhüllt. Gammastrahlen erreichten jedoch die Erde. Kurz danach: Deutsch-Französischer Krieg. Garibaldis Truppen erobern Rom. Papst Pius IX. erklärt sich für unfehlbar.

7392 n. A. = 1884 n. Chr. Im Jahr 1301 des Islamischen Kalenders erklärt sich ein sudanesischer Sufi-Renegat zum Mahdi (endzeitlichen Erneuerer), stirbt aber bereits im folgenden Jahr. Diese Bewegung wird zum Vorbild für gegenwärtige Extremisten.

7400 n. A. = 1892 n. Chr. Kaiser Wilhelm II. kündigt Otto von Bismarcks Bündnisverträge. Die älteste Version der Evangelien (Syrus Sinaiticus) wird entdeckt.

7422 n. A. = 1914 n. Chr. Mit dem Attentat von Sarajevo beginnt der 1. Weltkrieg.

7450 n. A. = 1942 n. Chr. UNO gegründet. „Endlösung der Judenfrage" wird beschlossen. Chicago: Der erste Kernreaktor wird kritisch. Erste V2-Rakete erreicht den Weltraum. Wende des Kriegsglücks bei Stalingrad (Deutsches Reich) bzw. Midway (Kaiserreich Japan).

Ab April 1979: Eine Serie von Gammastrahlenblitzen schwächt die schützende Ionosphäre. Danach: Reaktorunfall in Harrisburg. Revolution im Iran und Geiselnahme in der US Botschaft. Die UDSSR greift Afghanistan an.

7488 n. A. = 1980 n. Chr. Im Jahr 1401 des Islamischen Kalenders beginnt mit dem Irak/Irankonflikt eine Serie islamischer Bruderkriege, die bis heute fortdauert. Streiks in Polen markieren den Beginn des Zerfalls des Ostblocks (16.08.1989). Der bis dahin stärkste gemessene Sonnenausbruch (Kategorie X-20). Kurz darauf wird in Ungarn der Eiserne Vorhang zum ersten Mal transparent. 3 Monate später fällt, als Folge davon, die Berliner Mauer. Kurz zuvor (6.3.1989) ließ ein ähnlich starker Flare in Kanada das Stromnetz zusammenbrechen.

7500 n. A. = 1992 n. Chr. geht das erste Dekajubiläum des 8. Tages, d. h. seine Nachtphase zu Ende, und es beginnt die Tagphase. Ereignisse: Zerfall der Sowjetunion und damit des Leninismus sowie das Ende des Kalten Krieges. Amerika proklamiert eine neue Weltordnung. Durch den Vertrag von Maastricht fallen in Mitteleuropa alle Grenzen. Kurz zuvor 1991 findet am Pinatubo (Philippinen) der schwerste Vulkanausbruch des 20. Jhdts. statt. Die VEI 6-Eruption führt 1992 zu weltweiten Klimaveränderungen.

7509 n. A. = April bis Mai 2001 Eine Serie von extrem starken Sonneneruptionen. Die heftigste (Kategorie X-20) verfehlt die Erde knapp, so daß es zu keinem globalen Stromausfall kommt. 11. 9. 2001: Bisher schwerster Terroranschlag der Geschichte. Die NATO erklärt zum ersten Mal den Verteidigungsfall.

27. 12. 2004 Ein heftiger Gammastrahlenblitz (Magnetar in ca. 30000 Lj. Entfernung) blendet die Meßinstrumente diverser Satelliten. Kurz zuvor ereignet sich in Indonesien ein tektonisches Seebeben, welches den verheerendsten Tsunami der jüngeren Geschichte verursacht.

7518 n. A. = 2010 n. Chr. beginnt astrologisch das Wassermannzeitalter unter der Ägide des Uranus. 1. Hauptereignis: „Arabischer Frühling“.

7530 n. A. = 2022 n. Chr. Rußland führt Krieg gegen die Ukraine. Weltweite Zäsur.

Anmerkung zur Langlebigkeit der biblischen Patriarchen:

Der älteste Mensch, dessen Alter sicher dokumentiert ist, war Jean Calment, die etwas mehr als 122 Jahre alt wurde. Im 21. Jhdt. hat niemand die 120-Marke überschritten.

Das menschliche Leben wird durch folgenden Mechanismus auf ca. 120 Jahre begrenzt: Mit jeder Zellteilung erodieren die Endstücke der DNA (Telomere). Nach einer gewissen Zahl von Zellteilungen sind die Telomere aufgebraucht und Erbinformation geht verloren. Dies führt zum Zelltod und schließlich bei häufigem Eintreten zum Tod des Individuums. Falls es jedoch gelänge, das im Genom kodierte Enzym Telomerase zu aktivieren, können die Telomere immer wieder verlängert werden, und der Mensch würde potentiell unsterblich. An dieser Möglichkeit wird aktuell geforscht! Gäbe es einen Telomeraseaktivator („Kraut des ewigen Lebens", vgl. Gilgamesch-Epos, sowie die Geschichte von Khidr und Elias), könnten Menschen bei gesunder Lebensführung das Alter der biblischen Patriarchen durchaus erreichen.

Astrologische Zeitalter:

Das „Platonische Jahr" ist definiert durch eine vollständige Kreiselbewegung der Erdachse. Sie dauert nach heutigen Messungen 25 920 Sonnenjahre. Dabei wandert der Frühlingspunkt einmal rückwärts durch die Tierkreiszeichen. Jedes der 12 Tierkreiszeichen entspricht somit einem Zeitalter von 2160 Jahren. Seit 2010 befindet sich der Frühlingspunkt im Zeichen Wassermann.

Einige Kataklysmen vor der Ära der biblischen Zeitrechnung:

Der *Volcanic explosive index* (VEI) bewertet vulkanische Ereignisse auf einer Scala von 0 bis 9.
9 = Megaeruption mit > 5000 Kubikkilometern Auswurf. (Einziges bekanntes Beispiel: Fish Canyon Colorado, USA, Miozän/Pliozän-Grenze).
8 = Megaeruption mit >1000 Kubikkilometern Auswurf. (Yellowstone USA)
7 = Supereruption mit >100 Kubikkilometern Auswurf. (Santorin 1605 v. Chr., Tambora 1805 n. Chr.)
6 mit > 10 Kubikkilometern Auswurf. (Pinatubo 1991, Krakatau 1883)
5 mit bis zu 10 Kubikkilometern Auswurf. (Mount St. Helens 1980)

~ 640000 v. Chr. Yellowstone, USA. Supervulkan VEI 8 über 1000 km^3.
~ 72000 v. Chr. Tobasee Sumatra. Supervulkan VEI 8+ ca. 2800 km^3 Auswurf. Massive Eiszeit. Aussterben des Homo erectus?
~ 50000 v. Chr. Asteroidenimpakt in Lonar, Südindien. Krater ~2 km Durchmesser.
~ 37000 v. Chr. Phlegräische Felder VEI 8. Aussterben des Neandertalers in Europa. Ungefähr zeitgleich Klimakatastrophe sowie Umpolung des Erdmagnetfelds für einige Jahrhunderte.
~ 24500 v. Chr. Tauposee Neuseeland. Supervulkan VEI 8 ~1170 km^3. → Letzte große Vereisung. Aussterben der letzten Denisovaner und Homo erectus in Südostasien?
~ 19000 v. Chr. Asteroidenimpakt in Tenoumer Mauretanien. Krater ~2 km Durchmesser. Jüngster bekannter Großkrater auf dem Land.
~ 13000 v. Chr. Laacher See (Eifel) Supereruption VEI 6–7.
~ 11000 v. Chr. Asteroidenimpakt in den noch ~ 2 km dicken

Eispanzer im Staat Ohio. Aussterben des Mammuts und anderer Großsäugetiere in Nordamerika.

10950 v. Chr. Der „jüngere Dryas-Event" bringt die Eiszeit noch einmal für ca. 1200 Jahre zurück.

~9–10000 v. Chr. Supernovaexplosion im Sternbild Segel, auf der Südhalbkugel. Entfernung 815 Lichtjahre. Scheinbare Helligkeit der Vela SN entsprach beinahe der Sonne. Massive Auswirkungen auf Ozonschicht und Klima wahrscheinlich. Zeitgleich (ab 9900 v. Chr.) Entstehung des ersten großen Sakralbaus der Menschheit in Göbekli Tepe bei Urfa. Die ältesten Steinkreise sind am größten! Etwa zeitgleich entsteht nahe Urfa durch Mutation eine Urform des Weizens. Dessen Samen sind mit der Ähre fest verbunden, wodurch Kultivierung erst möglich wird.

9750 v. Chr. Endgültiges Ende der Würm-Eiszeit; Beginn des bis heute reichenden Holozänzeitalters.

~ 6250 v. Chr. Der 8,2 Kilojahr-Event läßt die Temperaturen drastisch fallen und nach einigen Jahrzehnten wieder ansteigen. Der gleichzeitige „Schmelzwasserpuls 1C" läßt den Meeresspiegel innerhalb von ~ 140 Jahren um 6,5 m ansteigen. Dies führt letztlich um 5500 v. Chr. zur Bosporusflut.

~ 6000 v. Chr. In einem gigantischen Erdrutsch versinkt die Landverbindung zwischen England und dem Kontinent im Meer. Der so verursachte Tsunami läßt auch die Doggerbank in der Nordsee versinken und verwüstet Küsten rund um den Atlantik. Der Meeresspiegel ist noch ~ 10 Meter unter dem heutigen Pegel.

* *
*